Department of Airline Service

항공서비스학과 면접의 신

언니 ~ 나도 붙었어!!

항공서비스학과
면접의 신

prologue

'Think Vivid, Make True' 생생하게 생각하면, 진실로 이루어진다.

사람이 태어나 가장 많은 희망과 꿈을 가지는 시기가 바로 10대 청소년 시절일 것입니다. 이때는 자신이 상상할 수 있는 미래에 대한 가장 큰 꿈을 가슴에 간직한 채, 그것에 한걸음 더 다가가기 위한 노력을 하며 성장해 갑니다. 하지만 대입을 준비하면서 수능 성적과 내신 등급의 벽에 부딪혀 자신이 가진 꿈을 포기하기도 하고, 수능 성적에 맞는 대학 진학만을 목표로 삼게 되기도 합니다. 하지만 저는 그런 청소년들에게 이런 말을 꼭 해주고 싶습니다. "Think Vivid, Make True" 생생하게 생각하면 진실로 이루어진다라는 말을요.

저의 학창시절을 떠올리면, 지루한 수학 시간에 졸다가 들켜 선생님께 혼이 났던 일이나 야간 자율학습을 몰래 빠져 나와 친구들과 떡볶이를 사먹던 일들이 생각납니다. 입시 공부에만 매진하거나 그로 인해 스트레스를 받는 저의 모습은 잘 떠오르지가 않습니다. 단지 저는 '세계사'와 '영어'에 가장 흥미를 느끼고 좋아했습니다. 외국을 자유롭게 여행하는 모습을 상상하기도 했고, 외국 어딘가에서 살고 있을 내 모습을 그려 보곤 했었습니다. 막연하기만 하던 이런 저의 상상은, 대학 입학 후 부모님께 받은 입학선물, 바로 홍콩행 비행기 티켓을 통해 현실로 한걸음 다가갈 수 있었습니다. 저는 홍콩영화 속 한 장면이 너무나도 인상 깊게 남았기 때문에, 그리고 가장 저렴하게 항공권을 구할 수 있다는 이유 때문에 홍콩을 저의 첫 해외 여행지로 선택하게 되었습니다. 홍콩행 비행기 안에서 만나게 된 '캐세이 퍼시픽'이라는 외국항공사의 한국승무원들은 저의 동경의 대상이 되기에 충분히 멋있고, 전문적인 직업인으로 보였습니다. 또한 홍콩의 이곳 저곳을 여행하면서 접하게 된 다양한 문화와 인종들은 저를 그 나라의 매력에 푹 빠지게 만들었습니다.

'그래, 결심했어. 나 캐세이 퍼시픽 항공사 승무원이 되어서 홍콩에 와서 살아야지 ……!' 이러한 저의 첫 해외여행이 바로 저의 꿈을 생생하게 그리고 현실로 실현시키게 해 준 첫 번째 계기가 되었습니다.

대학시절 내내 저의 머릿속에는 캐세이 퍼시픽 항공사 승무원이 되는 모습을 상상하는 시간들로 가득찼었습니다. 그래서 대학 마지막 학년에 캐세이 퍼시픽 항공사 본사의 인사부에 편지를 쓰게 되었습니다. E-메일이 흔치 않던 그 시절, 저는 손 편지에 서툰 영어로 '캐세이 퍼시픽' 항공사 승무원이 되고 싶은 학생으로서 무엇을 준비해야 되는지 알고 싶다는 내용이 담긴 편지를 보냈습니다. 그런데 몇 주 후에 그 회사로부터 '우리는 현재 채용 계획이 없습니다.'라는 회신이 돌아왔습니다. 너무나 허무한 답이었고 실망스러웠지만, 그래도 나의 꿈에 한걸음 다가가기 위한 과정이었다고 생각하며 스스로를 위안하였습니다.

대학 졸업 후 6개월의 백수 생활을 하는 동안 200통이 넘는 이력서를 써봤고, 50~60번 이상의 면접을 보았습니다. 하지만 제가 원하는 어떤 기업으로부터도 합격 통지를 받지 못했습니다. 그런 방황 아닌 방황의 시간 속에서도 대학시절 내가 꿈꾸던 직업, 승무원을 단 한 순간도 잊은 적이 없었습니다. 그러던 어느 날 '아랍에미레이츠' 항공이라는 곳에서 승무원을 채용한다는 공고를 보았고, 1차 면접을 보러 'A' 항공 승무원 양성학원에 가게 되었습니다. 그곳에서 새롭게 깨달으며 놀라게 된 사실은 대부분의 지원자들이 승무원 학원에서 면접을 준비하는 공부를 하며, 이 면접을 위해 최소 6개월에서 많게는 2년 정도의 준비를 한다는 것이었습니다. 승무원 학원을 다닌 적도 없었고 제대로 준비해 본 적도 없었던 저에게는 더욱 더 긴장되고 떨리는 순간이었습니다.

1차 면접을 들어가서 받은 질문은 '오늘 아침에 신문을 읽으셨나요? 가장 흥미로운 기사가 무엇이었나요?'라는 질문이었습니다. '세상에…… 오늘 아침 신문을 안 읽고 왔는데……' 머릿속이 하얗게 되면서 말문이 탁 막혔습니다. 그런데 그때, 문득 저의 버릇이 생각났습니다. 신문을 볼 때 일기예보를 가장 먼저 펼쳐 보는 저의 평소 습관 말이죠.

저는 자신 있게 답했습니다. "네 신문을 읽었습니다. 오늘 가장 흥미로운 기사는 바로 날씨입니다. 전 항상 신문을 읽을 때 날씨를 가장 먼저 체크하는데요, 그것은 날씨는 우리 생활과 밀접한 연관성이 있기 때문입니다. 일기예보에 비가 온다고 하면 우산을 준비해서 외출을 해야 하고, 바람이 많이 분다고 하면 따뜻한 옷차림으로 나가야겠죠? 오늘 날씨가 구름 한 점 없는 맑고 화창하다는 일기예보를 보았습니다. 이것은 마치 저의 미래가 밝고 희망적이라는 느낌을 주었기 때문에 가장 흥미로운 기사라고 생각했습니다. 오늘의 일기예보 같은 면접 결과가 있기를 희망합니다."

저의 대답에 면접관은 저를 향해 환하게 미소지었습니다.

제 자신을 돌이켜 보면 면접의 순간들 속에서 다른 지원자들보다 준비되지 않은 점들이 많았습니다. 하지만 제가 단 한 번에 면접을 통과할 수 있었던 이유는 바로 면접 내내 내 자신에게 이렇게 외쳤기 때문입니다. 'Think Vivid, Make True' 생생하게 생각하면, 진실로 이루어진다! 저는 이 말 그대로, 면접을 보기 전까지의 시간 뿐만아니라 면접을 보는 내내, 승무원이 되어서 승객들에게 서비스하고 있을 나의 모습을 생생하게 머릿속에 그렸고, 심지어는 내가 승무원이 되어서 가게 될 첫 비행지가 어디가 될지를 생각했으며, 나의 동료가 어떤 사람들일지, 승무원이 되어서 첫 번째 받는 월급으로 무엇을 할지 등의 아주 구체적이고 생생한 것들을 머릿속에 그리고 생각했습니다. 외국항공사 지원자들이 가장 가고 싶은 항공사 1위로 뽑힌 '아랍에미레이츠' 항공 면접에 한 번에 합격하였고, 현재 승무원을 준비하는 학생들로부터 승무원 면접에 대한 수많은 질문을 받게 되는 이유가 바로 '생생한 꿈' 덕분이라고 생각됩니다.

이 책은 제가 그 동안 많은 항공서비스 관련 학과를 준비하는 학생들을 가르치고, 다양한 합격생들을 배출하면서 그들에게 알려 주었던 면접의 비법을 담았습니다. 아직 성장의 단계에 있는 여러분들은 완벽하게 준비된 사람이 아니어도 괜찮습니다. 하지만 입시면접 그 순간만큼은 오랜 시간 준비하고 고민한 면접의 답변들을 다 쏟아 낼 수 있어야만 합니다. 하지만 그 면접의 답변을 혼자 준비하기란 그리 쉬운 일이 아닙니다. 항공서비스학과 진학을 생각하고 계신 여러분도 오늘부터 면접을 보고 있을 자신을 모습을 머릿속에 그리고, 면접에 본인이 받게 될 질문이 무엇이 될지 생각해 보지 않으시겠어요? 그 면접에 대한 준비와 답은 바로 이 책 안에 있으니 걱정은 안하셔도 됩니다.

자 그럼 준비되셨죠?

다같이 'Think Vivid, Make True'

by 윤은숙

contents

Chapter 01 항공서비스학과 입학관련 정보

1. 항공서비스 관련학과 대학소개 ·· 2

2. 항공서비스학과 입시요강 및 면접 정보 ······························· 8

3. 항공서비스학과에서 배우는 과목 ·· 11

✈ 항공서비스 관련학과 교수님의 한마디 ─────────── 20

Chapter 02 항공서비스학과 합격을 위한 면접비밀공식

1. 항공서비스학과를 지원하는 학생들이 알아야 할 10가지 ········· 26

2. 항공서비스학과 합격을 위한 요인 3A ··································· 38

3. 항공서비스학과 지원하는 남학생을 위한 tip ····················· 45

4. 항공서비스학과 면접 다이어리와 비밀답변노트 ················ 48

5. 항공서비스학과 합격생의 명예의 전당 ················· 71

항공서비스학과 면접에 나오는 기출문제　　Chapter 03

1. 개인신상 관련 질문 ···························· 78

2. 지원동기 관련 질문 ···························· 113

3. 학창시절 관련 질문 ···························· 131

4. 서비스직업 경험 관련 질문 ···················· 149

5. 기타 질문 ···································· 159

contents

Chapter 04 항공서비스학과 영어면접 기출문제

1. Self—Introduction ································· 172

2. Personality / Strengths & Weakness ··············· 180

3. Hobby / Interest ································ 190

4. School Life ··································· 196

5. Warming—up Questions ························· 202

✈ 항공서비스학과 면접관이 알려주는
   영어 질문 종합 선물 세트 ———————— 211

1. 면접 시 워킹과 자세 연습 및 스마일 …………………… 218

2. 면접 시 메이크업, 헤어 ……………………………… 222

3. 항공서비스학과 면접 복장 – 스타일의 완성 …………… 237

4. 입시원서용 사진 찍기 – 샤방샤방하게 ………………… 241

항공서비스학과

면접의 신　XI

Chapter 1

항공서비스학과 입학관련 정보

 # 1. 항공서비스 관련학과 대학소개

　전국에 항공서비스 관련학과는 2017년 기준 전국에 약 60개 넘게 설치되어 있다. 항공서비스 관련학과는 몇 년 사이 급증하였으며, 대학입시 학과 선택에 있어 학생들이 진학을 원하 는 학과들 중 하나이다. 이런 현상은 '객실승무원'이라는 직업에 대한 인식이 더욱 뚜렷해졌으며, 미래의 선망의 직업 중 하나로 손꼽히기 때문이다. 물론 항공서비스 관련학과 입학을 한다고 해서 반드시 객실승무원이 될 수 있는 것은 아니다. 하지만 요즘은 진로에 대한 고민과 결정을 좀 더 어린 나이부터 시작하기 때문에, 승무원의 꿈을 가지고 있다면 대학입시에서 항공서비스 관련학과를 지원하는 것을 추천한다.

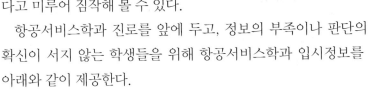
저자의 논문 중 한 연구인 '항공서비스 관련학과의 교과과정이 신입승무원의 자기효능감과 직무만족에 미치는 영향'에서 보면, 항공서비스 관련학과를 졸업 후 승무원으로 직무를 수행하는 사람들은 직무에 대한 만족도가 높고, 자기 스스로 직무 수행 시 융통성 있게 행동하며 자신감을 가지고 수행한다는 결과가 나왔다. 이를 통해 우리는 항공서비스학과를 입학하여 나중에 승무원이 된다면 일반 학과 출신들보다 좀 더 나은 직무능력을 나타낼 수 있으며, 적응을 더 잘 할 수 있다고 미루어 짐작해 볼 수 있다.

항공서비스학과 진로를 앞에 두고, 정보의 부족이나 판단의 확신이 서지 않는 학생들을 위해 항공서비스학과 입시정보를 아래와 같이 제공한다.

관련학과들은 학교에 따라 '항공서비스학과', '항공운항과', '항공관광과', '항공서비스경영학과' 등 다양하게 불리고 있으나, 전공을 통해 배우는 내용과 커리큘럼은 대략 비슷하다. 이 책에서는 주로 관련학과를 '항공서비스학과'라고 통칭한다.

많은 학생들이 항공서비스학과 입시를 준비할 때, 자신의 상황과 처지를 고려하지 않고 학교의 명성이나, 학교가 위치한 지역을 보고 선택하는 경우가 대부분이다. 이보다는 학교의 교수진, 차별화된 교과과정 그리고 산업체 연계가 잘 되어 있는지 등을 고려하는 것이 훨씬 좋은 방법이다.

다음의 표에서는 전국 항공서비스 관련학과의 설치현황을 보여 준다.

이 표를 통해 전국 어떤 곳에 관련학과들이 위치에 있는지 파악을 해보고, 각 학교 홈페이지를 찾아보기를 권한다. 학교 홈페이지나 블로그를 살펴 보며, 학교들마다의 특성과 장점을 알아보고, 자신에게 잘 맞는 학교가 어디일까 차근차근 고민해 볼 필요성이 있다.

항공서비스대학리스트

지역	학위	대학명	학과명	홈페이지 /블로그나 카페 주소
서울	2년제	백석예술대학	항공서비스학과	http://gpin.bau.ac.kr/
		아세아항공 전문학교	항공운항과	http://www.asea.ac.kr/dept/dept03_01_01.asp
		한국항공 전문학교	항공운항과	http://cafe.naver.com/kaccabin
		정화예술대학교	관광학부 항공서비스전공	http://www.jb.ac.kr/
	4년제	고려대학교 평생 교육원	항공서비스경영학과	http://cafe.naver.com/koreacrew
		국민대학교 평생 교육원	항공서비스경영학과	http://www.air.kookmin.ac.kr/
		경기대학교 평생 교육원	항공서비스학과	http://kgu-isi.ac.kr/
		한양대학교 사회 교육원	항공운항서비스학과	http://www.hanyanganc.co.kr/
경기도	2년제	강남대학교평생 교육원	항공서비스경영학과	https://www.edukangnam.ac.kr
		강동대학교	항공관광과	http://main.gangdong.ac.kr/home/main/dept/dept_06
		동서울대학교	항공여행서비스전공	http://myhome.dsc.ac.kr/tourism/index.htm
		동원대학교	항공서비스과	http://newcafe.tw.ac.kr/cafe.asp?c_idx=24
		두원공과대학교	항공서비스과	http://airline.doowon.ac.kr/
		수원과학대학교	항공관광과	http://www.sscair.co.kr/index.php

지역	학위	대학명	학과명	홈페이지 /블로그나 카페 주소
경기도	2년제	연성대학교	항공서비스과	http://dept.ianyang.ac.kr/dept/subMain.do?catekey=R23X
		장안대학교	항공관광과	http://aircraft.jangan.ac.kr/aircraft/
		한국관광대학교	항공서비스과	http://cms.ktc.ac.kr/user/air/
		대림대학교	항공서비스학과	http://air.daelim.ac.kr/html/themes/air/index.html
		신구대학교	항공서비스학과	http://airline.shingu.ac.kr/main.do?method=getIndex&gcd=G6022
		부천대학교	항공서비스과	http://cafe.bc.ac.kr/association/I017_VP_002.do?comtySeq=C20120704105125167335
		용인대학교	항공관광서비스학과	http://edulife.yongin.ac.kr/
인천	2년제	인하공업전문대학	항공운항과	http://stewardess.inhatc.ac.kr/
		경인여자대학교	항공관광과	http://cms.kic.ac.kr/user/aviation/index.html
		인천재능대학교	항공서비스과	http://dep.jeiu.ac.kr/air/front.asp
충북	2년제	충청대학교	항공호텔관광학부 스튜어디스전공	http://tour.ok.ac.kr/
	4년제	한국교통대학교	항공서비스학과	http://www.ut.ac.kr/tsm.do
		중원대학교	항공서비스학과	http://asc.jwu.ac.kr/ass/site/deptSiteView.jwu
		극동대학교	항공운항서비스학과	https://www.kdu.ac.kr/Sub02/University.aspx?gCD=27
충남	2년제	백석문화대학교	관광학부 항공서비스 전공	http://www.bscu.ac.kr/tour/index.jsp
		영진전문대학교	호텔항공조리 전공	http://tour.yjc.ac.kr/

지역	학위	대학명	학과명	홈페이지 /블로그나 카페 주소
충남	2년제	한국영상대학교	항공관광과	http://airlines.pro.ac.kr/ http://club.cyworld.com/ kcactourism
			스튜어디스학과	http://stewardess.pro.ac.kr/ http://blog.naver.com/maerd_21
			중국 승무원학과	http://chinaair.pro.ac.kr/ KongjuClass.pro?cxt=kcacst
충남	4년제	백석대학교	관광학부 항공서비스 전공	http://community.bu.ac.kr/ tourism/index.jsp
		중부대학교	항공서비스학과	http://www.jbstewardess.com/ http://cafe.daum.net/ju05/ http://www.cyworld.com/jbst
		호서대학교	항공서비스학과	http://alsd.hoseo.ac.kr/Pages/ default.aspx
		세한대학교	항공서비스학과	http://airsvc.sehan.ac.kr/pages/ page_65.php
		한서대학교	항공관광학과	http://home.hanseo.ac.kr/ tourism/
대전	2년제	대덕대학교	관광·항공철도승무과	http://air.ddc.ac.kr/ http://cafe.daum.net/lovely http://club.cyworld.com/ClubV1/ Home.cy/51098397
		우송정보대학교	여행항공·스튜어디스 전공	http://tourism.wsi.ac.kr/
		혜천대학교	국제관광·항공서비스 전공	http://hcu.ac.kr/dept/society/ tour/
경북	2년제	서라벌대학교	항공관광과	http://air-tourism.sorabol.ac.kr/
		경북과학대학교	호텔항공 전공	http://tourism.kbsu.ac.kr/
		호산대학교	관광, 항공, 호텔학과	http://air.gs.ac.kr/
경남	2년제	진주보건대학교	관광계열·항공 스튜어디스 전공	http://tour.jhc.ac.kr/

지역	학위	대학명	학과명	홈페이지 /블로그나 카페 주소
대구	4년제	동양대학교	항공비서학부	http://airline.dyu.ac.kr/
	2년제	계명문화대학	항공스튜어디스과	http://kmctour.kmcu.ac.kr/
		영진전문대학	호텔항공 전공 항공여행반	https://tour.yjc.ac.kr/ htm/02_02_01.htm
부산	2년제	경남정보대학	항공관광과	http://airline.kit.ac.kr/
		동의과학대학	항공운항과	http://stewardess.dit.ac.kr/
		동주대학	항공운항과	http://ai.dongju.ac.kr/default/ main/main.jsp
		부산경상대학	항공·비서과	http://magicbox.bsks.ac.kr/zbxe/ index.php?mid=main
		부산여자대학	항공운항과	http://airline.bwc.ac.kr/index.asp /http://club.cyworld.com/ bwuairline
	4년제	영산대학교	항공여행학과	http://airtravel.ysu.ac.kr/
전남	2년제	고구려대학 (구 나주대)	항공호텔관광학부 스튜어디스 전공	http://casino.changeme.co.kr/
		성화대학	항공스튜어디스	http://www.sunghwa.ac.kr/class/ index_new.php?MajorNo=10
	4년제	동신대학교	스튜어디스학과	http://stds.dsu.ac.kr/
전북	4년제	호원대학교	항공운항서비스학과	http://green.howon.ac.kr/ airservice/main.php
광주	2년제	서영대학교	항공서비스과	http://st.seoyeong.ac.kr/
	4년제	호남대학교	항공서비스과	https://airline.honam.ac.kr/airline/
		광주여자대학교	항공서비스학과	http://airline.kwu.ac.kr/
제주	2년제	제주관광대학	항공·컨벤션경영과	http://convention.ctc.ac.kr/
	4년제	탐라대학교	항공서비스경영학과	http://club.cyworld.com/t-asmc

2. 항공서비스학과 입시요강 및 면접 정보

항공서비스학과 지원을 결심했다면 이제부터는 각 대학별로 입시요강을 확인해야 한다. 대부분의 대학입시처럼 수시1, 2차 그 후에 정시 입시로 치루어진다. 특히 항공서비스 관련학과들은 일반학과들과 달리 면접의 비중이 큰 경우가 많다. 수시전형에서는 학생부성적^(내신성적) 50% + 구술면접 50%로 평가된다. 내신성적과 구술면접의 비중이 50%씩이나, 실제적인 평가기준에서는 구술면접의 비중이 더 크다고 볼 수 있다. 교수진들은 면접을 통해 기본적인 서비스인으로서의 소양과 자질을 가지고 있는지를 평가한 후 학생을 선발하여 인재로 키워내겠다는 사명감을 가지고 있다. 따라서 승무원이 될 수 있는 잠재적 자질을 가진 학생을 선발하려는 많은 노력을 하고 있다.

또 하나의 특징은 항공서비스학과 지원자들의 평균내신성적이 비슷한 경우가 많다. 예를 들어, A대학의 경우 지원자들의 평균내신이 5급이라고 가정한다면, 이런 데이터는 수치화되어 있기 때문에 정보력이 좋은 학생들은 자신의 내신등급에 맞춰 학교를 선택하게 된다. 결국 비슷한 내신등급의 지원자들이 특정학교에 몰리게 되므로, 실제 합격 당락은 구술면접에 달려 있다. 따라서 항공서비스학과 지원을 하는 학생들은 특히 면접에 대한 철저한 준비와, 각 학교별로 서로 다른 면접전형들을 꼼꼼히 살펴야 한다. 하지만 재차 강조해도 치우치지 않는 것은 항공서비스학과 지원에 있어서 구술면접은 피해갈 수 없는 관문이라는 것이다. 이 점을 정확히 알고 면접을 철저히 준비하는 자세가 필요하다.

> **TIP** 각 학교의 입시요강은 학교 홈페이지를 통해 확인할 수 있다. 앞서 나와 있는 항공서비스 관련학과 학교소개 부분을 참고하여 자세한 입시일정을 확인하면 된다.

다음은 항공서비스학과 입시에서 수시와 정시의 차이점 그리고 면접 시 중요한 부분들에 대해 좀 더 자세히 알아보자.

항공서비스학과 입시는 수시1, 2차와 정시로 크게 나누어지는데 수시1차는 수능을 보기 전에 학생을 모집하는 형태이므로 대부분 8월 말에서 9월 초 정도에 서류전형을 시작해서 10월 초에서 중순경 면접을 보게 되고, 수시2차 는 바로 그 뒤에 10월 말에서 11월 초에 서류전형을 시작해서 11월 말경에 수시2차 면접을 보게 된다. 학교에 따라 일정은 차이가 나므로, 지원자가 염두에 두고 있는 학교 홈페이지를 통해 상세일정을 확인하여야 한다.

수시는 학생부성적과 면접이 입시에 반영되고, 정시는 주로 수능성적과 학생부성적 그리고 면접성적이 서로 다른 비율로 반영된다.

학교에 따라 어학 특기자를 우대하거나, 학생부성적 이외에 출석점수도 반영하는 경우가 있으니 고등학교 재학시절 출결 관리를 잘하는 것도 하나의 좋은 방법이다.

정시에는 특히 수능반영 비율이 과목에 따라서 다른 경우도 있고, 최우수한 과목을 반영하는 학교도 있으니 잘 확인하여야 한다. 매년 대학마다

면접전형에 약간의 변동사항이 있을 수 있으므로 매년 업데이트되는 입시전형을 각 학교 홈페이지를 통해 확인하여야 한다.

각 대학들이 면접을 볼 때 궁긍적으로 추구하는 바는 비슷하다. 승무원이 될 수 있는 잠재가능성과 인성을 갖추고 있는지와, 미래 발전가능성을 보고 면접의 성적을 매기는 편이다. 항공서비스학과임에도 불구하고 학교에 따라서는 국내항공사 승무원 기준인 키 162cm 충족되지 않아도 면접에 합격하는 경우를 종종 볼 수 있다. 그 이유는 외국항공사의 채용기준에는 키에 대한 부분이 유연성 있게 허용되고, 또한 외국항공사의 한국인 승무원채용이 확대되었기 때문에 항공서비스학과에서 이런 점들을 고려하여 학생 선발의 기준에도 융통성을 더 많이 가지게 된 것이다.

특히 비교적 학업성적이 우수하고 어학실력이 높은 학생들이 지원하는 4년제 항공서비스 관련대학에서는 학생을 선발할 때 신체적 기준에 대한 벽을 쌓지 않고 학생을 선발하다 보니, 추후 대학졸업 후 외항사의 승무원의 합격률이 점점 더 높아지고 있다. 그렇기 때문에 전통적인 승무원의 신체적 기준에(키 162cm 이상) 약간 미달하는 학생이라면 외국항공사 취업을 미래의 목표로 삼아 항공서비스학과에 입학하여 공부한다면 더욱 전문적인 글로벌 인재로 성장할 수 있다고 생각된다.

3. 항공서비스학과에서 배우는 과목

항공서비스 관련학과 면접전형을 살펴보면 면접 시 전공관련 기초지식에 대한 것으로 평가하는 대학도 있다는 것도 알 수 있다. 대표적으로 4년제인 한서대학교와 극동대학교 그리고 2년제의 경인여자대학교를 들 수 있다. 실제면접에서 전공 관련한 질문과 승무원 직업 관련된 질문은 얼마든지 나올 수 있다는 것을 인지하고 기본적인 학과에서 배우는 과목에 대한 정보를 알고 가는 것도 중요하다.

학과에서 배우는 과목은 대학마다 약간씩 상이하나, 비슷한 커리큘럼을 바탕으로 항공, 서비스, 승무원과 직접 연관있는 과목들을 배우게 된다. 학교 입학 후 배우는 과목이 어떤 것인지 알고 간다면 추후 학교 생활에 적응하기도 쉽고, 재미있게 공부도 할 수 있다고 생각한다.

✈ 항공서비스 영어 [Airline Service English]

영어회화 능력을 향상시키기 위하여 멀티미디어와 인터넷 학습프로그램을 활용하고 교실수업은 role-play 방식으로 진행하여 실제적인 영어구사 능력을 개발한다.

기내에서 사용하는 영어가 따로 있다? 없다? 정답은 '있다'이다. 기내 안에서 외국인승객에게 서비스를 제공할 때 사용하는 영어는 우리가 알고 있는 영어회화와는 다르다. 승객에게는 가장 정중하고, 명확한 문장을 사용하여야 하므로 항공서비스 영어 과목을 통해 기내에서 사용하는 영어 문장을 숙지할 수 있다.

예를 들면 기내에서 승객에게 "Do you want have a hot towel?"(따뜻한 타월 사용하실래요?)라고 해도 맞는 문장이지만, 기내에서는 주로 "Would you care for hot towel?"이라는 말을 더 많이 사용한다. 실제 항공사 교육내용 중에도 Mock-up^(모의 훈련)을 하면서 사용하는 영어에 대한 Language Suggestion^(언어 제안)이라는 것을 정하여 승무원들이 기내에서 사용하는 문장을 정하여 사용하도록 하고 있다.

기내에서 사용되는 영어표현의 이해를 바탕으로 학습된 이 과목으로 인해 추후 기내승무직을 수행할 때 활용도가 아주 높다.

✈ 영어독해 [English Reading]

다양한 지문을 접해보고 이해하는 능력을 향상시키기 위해 필요한 과목이다. 국제적 의사소통 능력 신장을 위해 항공, 관광, 여행 관련한 신문기사, 잡지, 전공서적 등의 내용을 독해지문 자료로 활용하여 학습한다.

항공승무원 교육자료나 직무를 수행 할 때 전달되는 문서들이 대부분 영어로 되어 있기 때문에 영어독해 능력이 있어야만 한다.

✈ 영어청취연습 [English listening Practice]

영어청취 능력을 향상시키기 위해 그림, 대화, 설명 등을 포함한 TOEIC 청

취 부분과 같은 내용을 어학실에서 컴퓨터를 이용, 테스트 위주로 실습한다.

영어구사 능력도 물론 중요하지만 외국인들과 소통을 위해서는 듣기능력이 기본이 되어야 한다. 토익 점수를 높이기 위해서도 필수적인 과목이다.

✈ 방송영어 [English pronunciation for PA Announcements]

객실서비스의 일부인 기내 방송을 위한 미국영어의 발음, 방송 내용과 표현을 학습하고 실제 영어방송 서비스를 할 수 있는 능력을 개발한다.

말 그대로 영어 기내 방송을 하는 방법을 배우는 과목이다. 기내에서 방송능력은 필수이고, 특히 국내 항공사는 방송능력을 급수로 매겨 인사고과에 반영을 하고 있으므로 미리 연습을 하면 많은 도움이 될 수 있다.

✈ 객실서비스영어 [Cabin Service English]

비행 중 다양한 상황에서 외국인을 대상으로 원활히 의사를 전달할 수 있는 의사소통 능력을 배양한다.

항공 영어회화나 항공서비스 영어와 거의 비슷하다.

✈ 실용영어 [Practical English]

일상생활과 직장에서의 언어활동 상황에서 적절히 사용하게 될 영어 표현과 문장을 어학실습실에서 컴퓨터를 이용하여 학습한다.

항공서비스 영어는 기내에서 승객들을 대할 때 사용하는 영어를 배웠다면 실용영어는 외국에서 체재 시 외국친구를 사귀거나 외국인 동료승무원들과 편안하게 대화하기 위해 배우면 좋은 과목이다.

✈ 기초 일어 [Basic Japanese]

일상 일어회화의 습득을 위하여 기초적인 발음, 문형, 청취연습을 통하여 폭넓은 표현 능력을 개발시키고자 한다.

승무원에게 있어 제2외국어를 잘 한다는 것은 큰 강점이다. 그래서 영어 외에 다른 외국어인 일본어 기본 회화는 공부하고 익히는 것이 좋다.

✈ 방송일어 [Japanese Announcement]

대한항공 기내에서 현재 방송되고 있는 6개의 기본 방송문을 이해시키고 단어별, 문장별로 정확하게 발음할 수 있도록 연습시킨다.

국내항공사에는 영어 기내 방송처럼 일어 기내 방송을 기본적으로 하는 경우가 있으므로 일어 기내 방송 연습을 미리 경험하는 것도 필요하다.

✈ 항공일어회화 [Aviation Japanese Conversation]

기내 회화에 필요한 Speech pattern, 특히 빈번하게 사용되는 일본어 표현 (200)을 외우도록 하여 기내에서 발생하는 문제를 해결할 수 있는 대화능력을 갖추게 하고, 폭넓은 표현 능력을 개발시키고자 한다.

기내서 일본인 승객들을 대할 때 사용할 수 있도록 유용한 일본어 표현을 배우는 과목이다.

✈ 객실업무개론 [Flight duty]

객실승무원으로서 알아야 할 제반 승무규정을 숙지하고 기내 서비스 내용 및 절차를 익힌다.

가장 기본적인 승무원의 업무인 객실 내에서 알고 지켜야 될 부분에 대한 지식을 쌓고, 객실업무에 대해 이해하기 쉽도록 관련용어와 기내 서비스에 대해서 자세하게 배우는 과목이다.

✈ 객실구조 및 비행안전 [Cabin Familiarization & Cabin Safety]

각종 항공기의 객실구조에 대한 이해와, 제반 기내 시설에 대한 사용법과 Door 작동 능력을 갖도록 하고, 항공기 내 비상장비 및 시스템에 대한 올바른 사용과 필요 시 비상착륙과 비상착수 절차 및 요령을 습득하게 한다.

승무원의 업무 중 승객의 안전을 책임져야 되는 부분과 연관성 있는 과목이다. 객실구조에 대한 이해를 통해 항공기 제반 시설의 조작법을 이해하고 익히며, 더 나아가 비상시 승무원으로 대처하는 방법과 그 상황에 맞는 처리순서와 방법을 배운다.

✈ 항공서비스 매너 [Cabin service manner]

항공기 객실승무원으로서 국제 매너와

서비스자세 등 확고한 직업의식을 가지고 충실히 임무를 수행할 수 있는 서비스 예절을 습득하게 한다.

승무원들의 공통점은 국제적 매너와 감각을 갖췄다는 것이다. 그런 것들을 충분히 이해하고 익혀야만 승무원으로서의 위상과 품위를 잃지 않을 수 있다.

✈ 기내 식음료개론 [In Flight Food and Beverage]

항공기 내에서 제공되는 기내식과 음료에 대한 기본적인 지식과 기내식 음료 서비스에 관한 업무 지식을 익힌다.

기내에서 제공되는 식사와 음료에 대한 product knowledge(제품에 대한 지식)가 있어야만 승무원으로서 직업에 대한 전문적인 사람이라는 평가를 받을 수 있다. 기내에서 제공된 식사에 대해 승객이 자세하게 물어봤을 때 또는 제공된 와인의 종류가 무엇인지 질문을 받았을 때 자신 있게 답할 수 있어야 된다.

✈ 객실서비스 실무실습 [Cabin Service simulation]

항공기 객실에서 이루어지는 여러 가지 서비스의 방법과 기물 취급요령을 익히고 실제 비행에 적용하는 실습을 함으로써 기내에서 예의 바르고 올바르게 업무를 수행할 수 있도록 한다. 실제 비행과 동일한 상황에서 위 전과정에서 익힌 예절과 제반 업무를 종합적으로 적용, 실습할 수 있도록 한다.

객실서비스 실무를 비행기 모형 같은 실습실에서 실제처럼 연습해 보는 과목이다. Mock-up이라고도 불리며, 같은 과의 친구가 승객이 되고, 본인이 승무원의 역할을 번갈아가며 비행 실제 상황처럼 서비스하는 것을 연습해 본다. 예비승무원 여러분들에게 아마도 가장 흥미로운 과목이자, 추후 좋은 경험이 될 것이다.

✈ 고객심리 [Passenger psychology]

오류를 범할 수 있는 상식적 지식을 과학적 방법을 통해 축적된 학문인 심리학을 이용해, 승객과 승무원 사이에 나타날 수 있는 여러 문제를 해결할 수 있는 능력을 습득하게 한다.

고객도 다양한 유형이 있다. 성격 유형에 따라 고객이 기내에서 불평을 하는 방법도 다 다르기 때문에 상황과 고객에 맞는 대응법을 알기 위해 고객의 심리를 이해하고 배우는 과목이다.

✈ 항공의무 [Aviation First Aid]

비행 중 발생되는 승객의 여러 가지 질환에 대하여, 숙지하고 응급 시 가장 적절하게 대처하는 방법을 알 수 있도록 한다.

항공승무원의 시초가 바로 기내에 탑승한 간호사였다. 이처럼 승무원의 역할 중 하나가 바로 기내 안에서 발생한 응급환자에 대한 응급처치를 하는 것이다. 항공사에 입사하면 철저하게 교육받는 영역인 만큼 대학시절 기본

적인 내용을 숙지하고 항공사에 입사한다면 많은 도움이 된다.

✈ 항공운송실무 [Passenger Traffic Simulation]

항공운송업의 특성인 예약, 발권, 운송, 운항 등을 이해함으로써 유기적
이고 원활한 업무수행을 할 수 있도록 한다.

객실 승무원과의 업무와 직접적 연관성이 없다 하더라도 항공
사업무와 지
상 직 원 들 의
업무에 대한
이 해 는 좀
더 폭넓은
항공사에 대
한 지식을 쌓
을 수 있도록
도와 주므로 유
용한 과목 중
에 하나이다.

✈ 이미지메이킹 [Image making]

서비스맨이 갖추어야 할 이미지를 만들어 내는 표정과 말씨, 그리고 태도
등을 실습을 통해 익힘으로써, 객실승무원의 이미지에 맞는 연출법을 습득
하게 한다.

이미지메이킹 수업은 단순히 좋은 이미지를 만드는 것에서 벗어나 승무원
으로서 갖춰야 되는 용모나, 복장 그리고 헤어, 메이크업 연출법까지 승무원
이 되어 유니폼을 입은 모습을 빛나게 해줄 수 있게 한다.

위에 내용은 기본적으로 각 대학 항공서비스 관련학과에서 배울 수 있는 공통 과목들을 위주로 정리하였다.

이밖에도 각 대학마다 다양한 실무와 연관된 과목들을 배울 수 있다. 최근에는 중국어회화, TOEIC, 항공사 면접연습 같은 항공사 취업에 필요한 관련 과목들도 배우는 추세이다. 특히 항공서비스 관련학과 교수진들은 학생들의 항공사 취업에 있어 꼭 필요한 과목들을 개발, 구성하려 노력을 기울이고 있다. 따라서 항공사 면접연습 같은 과목은 매우 중요한 과목으로 주목받고 있으며, 개인적으로도 이런 관련과목이 더 늘어나야 된다고 생각된다.

교수님의
한 말씀

부천대 항공서비스학과 **권성애교수**
전직 아랍에미레이츠 항공, 에어아라비아 승무원

여러분은 우연히 길을 가다가 혹은 지하철에서 만난 유니폼을 입은 승무원들을 힐끗 바라보며 "와, 멋지다!"라고 생각한 적 있나요? 아니면, 요즘 SNS에서 예쁘고 멋진 승무원의 사진에 "좋아요"를 열심히 눌러 본 적이 있나요?

일반적으로 승무원이라는 직업은 화려하고 멋진 직업이라고 알려져 있지만, 그 직업의 내면을 잘 살펴보면 승객의 안전과 서비스를 책임지는 업무를 바탕으로 "멀티플레이어"의 역할을 하고 있습니다. 가령, 승객의 식사를 담당할 때면 "웨이터"나 "웨이트리스"가 되기도 하고, 기내에 불이 나면 화재를 진압하는 "소방관"이 되기도 하며, 기내 청결을 위해 "청소부"가 되기도 하고, 기내에서 난동 피우는 승객이 있다면 다른 승객의 안전을 위해 "경찰관"이 되기도 하는 등 정말 다양한 역할을 수행하고 있습니다. 여러분이 생각한 것보다 실제로 승무원들이 다양한 일을 하고 있습니다.

하지만 저도 그들을 동경하여 SNS 상의 현직승무원의 모습에 "좋아요"를 눌렀던 시절도 있었습니다. 모든 현직 승무원에게는 한때, 여러분과 같이 꿈을 정하고 설레어 했던 시기가 분명 있었을 것입니다.

여러분은 지금 당장 "멀티플레이어"의 자질을 갖지 않아도 됩니다. 그러한 승무원이 되기 위한 자질들은 항공서비스학과 및 항공관광과의 다양한 교육과 학교생활을 통해 자연스럽게 녹아 들게 될 것입니다. 그러한 교육과 경험들로 여러분들도 몇 년 후에는 누군가에게 승무원의 꿈에 자연스럽게 다가도록 동기부여를 해 줄 수 있는 승무원이 될 수 있을 것이라 믿어 의심치 않습니다.

마지막으로, 다년간 베스트셀러의 자리를 차지한 "항공서비스학과 면접의 신"에 포함된 다양한 정보와 기출문제를 잘 참고로 하여 항공서비스과 입시를 준비한다면, 여러분이 원하는 학교와 학과에 한발 더 가까이 다가갈 수 있을 것이라고 확신합니다. 늘 긍정적인 마인드와 바른 마음가짐으로 외적으로나 내적으로 아름다운 사람이 되도록 노력합시다.

교수님의
한 말씀

장안대학교 항공관광과 **유동규 교수**

많은 학생들이 항공서비스 관련학과에 입학하면, 무조건 승무원이 될 수 있다고 오해를 하는 경우가 있습니다. 하지만 항공관련학과에 입학하는 것은 승무원이 되기 위해 준비하는 그저 첫걸음이라고 생각하여야 합니다. 특히 항공사 관련 직업을 미래에 가지고자 하는 꿈을 가진 여러분들은 영어공부에 많은 관심을 기울여야 합니다.

항공서비스학과에서 영어회화 강의를 하면서 항공사 승무직에 지원하는 학생들이 안타깝게도 토익이나 토익스피킹과 같은 영어 관련 자격증 취득에 어려움을 겪는 학생들을 많이 봅니다. 항공서비스 관련학과에 들어오면 교수님들에게 어학 관련 도움을 받겠지만 학생 본인이 영어에 대한 꾸준한 학습을 두려워해서는 안 됩니다. 학습에 대한 목표를 설정하고 그것을 실행에 옮겨야만이 많은 학생들의 꿈인 항공사 승무직에 한걸음 더 가까이 다가가지 않을까 합니다. 따라서 자신의 어학 능력을 냉정히 파악하고 실력 향상을 위해 부단한 노력을 아끼지 말아야 할 것입니다. 꿈을 현실로 이뤘던 학생들은 자신들이 발전하기 위해 무엇을 해야 하는지 잘 알고 있었으며, 해야 할 일들을 내일로 미루지 않았습니다. 입학생에게 주어진 2~4년이란 시간은 똑같지만 졸업할 때 대부분 학생들은 영어 학습에 대한 아쉬움을 안고 졸업을 합니다.

영어회화 첫 강의날 학생들에게 2년 동안 하루에 영어 단어 한 개씩만 완벽하게 외우라고 이야기합니다. 학생들 모두 다 잘 실행할 것처럼 대답하지만 아직까지 매일 학습한 학생은 보지 못했습니다. 2년이면 730개 영어 단어를 완벽하게 알게 되는 것인데 이러한 학습을 습관화한다면 730개의 영어 단어가 내 머릿속에 맴돌 것인데 이는 영어 실력 향상에 큰 도움이 될 것입니다. "영어를 어떻게 하면 잘 하나요"라는 질문을 많이 받습니다. 걷지도 못하는 아이에게 뛰라고 할 수 없듯이 영어문법 기초가 없다면 좋은 영어 성적을 얻을 수 없겠죠. 영어를 완벽하게 구사한다고 무조건 승무원이 되는 것은 아니지만 최소한 항공사 공채 면접을 볼 실력은 갖춰야 하지 않을까요? 자기 자신에게 최소한 그러한 기회를 줄 수 있기를 바라며 모두에게 행운이 깃들길 바랍니다.

교수님의
한 말씀

인천재능대학 항공서비스학과 **심선아 교수**
전직 캐세이 퍼시픽 항공 승무원

대학마다 선발기준은 다를 수 있지만, 기본적으로 가장 중요하게 평가하는 부분은 바로 인성이다. 마치 건물을 지을 때 기초가 제대로 되어 있지 않으면 아무리 고급스럽고 비싼 자재를 사용해도 무너질 수 있듯이, 인성이 바로 그 '기초'이기 때문이다.

따라서 인성을 기본으로, 고객서비스를 제공하는 데 필요한 건강한 신체와 건전한 사고, 그리고 상대방을 배려할 줄 아는 태도를 중점적으로 본다. 면접시간이 한 조당 20분에서 30분 내외로 길지 않은 시간이지만, 면접위원들이 전문가 집단이고, 면접을 보는 동안 언어적 인터뷰만 평가하는 것이 아니라, 대기 자세와 다른 학생들이 면접할 때 경청태도 등의 비언어적인 부분을 모두 스크린하여 평가한다.

항공운항서비스과의 면접을 준비하기 위해서는 먼저 생활습관을 바꿔야 한다. 건강한 신체를 가지기 위해서는 올바른 식습관과 적절한 운동이 필요하고, 건전한 사고를 하기 위해서는 생활 자체를 계획표를 짜서 건전하게 해야 한다. 상대방을 배려할 줄 아는 태도를 보이기 위해서는 평소에 봉사활동에 진지하게 임하고, 가족, 선생님, 친구 등, 주변의 사람들에게도 항상 관심을 보이고 상대방의 입장에서 생각해 보는 습관을 가져야 한다. 준비된 지원자임을 확인시키기 위해서는 영어를 비롯한 외국어에 대한 우수성 또는 관심을 표현하고, 남들과 차별화되기 위한 전략으로는 특기 또는 취미를 가져서 재미있게 또는 의미있게 설명하는 것도 좋은 방법이다.

또한 자신의 특기나 적성을 살려 적극적으로 학교생활을 한 학생들을 당연히 선호할 것입니다. 항공서비스학과를 입학하려는 지원자들은 자신의 성향을 잘 파악해야 합니다. 따라서 항공서비스학과 면접준비를 위해서 평소에 운동과 바르고 건전한 사고를 가지도록 노력하며 학교활동, 동아리, 학생회, 봉사활동 등도 열심히 하는 것을 추천합니다.

항공서비스학과
합격을 위한
면접비밀공식

1. 항공서비스학과를 지원하는 학생들이 알아야 할 10가지

 목표의식

항공서비스학과를 지원하는 학생들은 미래의 직업으로 선택하게 될 승무원에 대한 열망과 목표의식이 뚜렷해야 한다. 목표의식은 구체적이고 실천 가능한 것일수록 좋다. 고등학교에 재학 중인 학생들이 항공서비스학과 입학을 준비하기 위해 세워야 할 목표는 여러 가지가 있다. 우선 항공서비스학과에서 선호하는 외모를 위해 다이어트를 하겠다는 생각을 할 수 있다. 그럼 다이어트를 위해 어떤 목표를 세워야 하는 것일까? 6개월 안에 5킬로그램을 감량하겠다. 이런 포괄적인 목표보다는 다이어트 기간을 좀 더 길게 잡는다. 다이어트 기간 동안에 몸무게 감량을 위해 운동과 식단조절 2가지를 모두 다 하겠다는 큰 그림을 그린다. 그 다음 운동을 할 수 있는 시간대를 생각해 본다. 학교생활 때문에 시간을 내기 힘들기 때문에 주말에도 집중적으로 운동을 하겠다라는 구체적 계획과 함께 '주말에는 2시간씩 자전거를 타고 약 30킬로미터의 구간을 횡단하고 돌아온다.'라는 목표를 세우는 것이다. 그리고 식단조절을 위해서는 '6개월 동안 저녁 6시 이후에는 음식섭취를 하지 않고, 간단하게 토마토나 고구마 같은 간식만을 먹는다.'라는 구체적 목표를 또 세우는 것이다. 이처럼 자신이 생각하는 목표는 구체적일수록 실현가능성이 높아지고. 이런 목표들을 아주 차근차근 실천해 나가야만 시간이 지났을 때 결국 자신 스스로가 만들어 놓은 최종 목적지에 가까워져 있음을 느끼게 되는 것이다.

② 면접준비는 최소 1년 이상

고등학교에 입학을 하면 학생들이 아마 제일 먼저 하는 것이, 자신이 목표로 하는 대학을 생각하거나, 적성에 맞는 학과를 알아보려는 노력을 많이 할 것이다. 어떤 친구들은 이미 그것들을 정해서 마음이 편해 보이기도 하고, 어떤 친구들은 갈팡질팡하면서 자신의 미래의 목표를 제대로 인지하지도 못하는 경우도 있다. 나 또한 고등학교 시절에 어떤 대학에 어떤 전공을 선택해야 될지 잘 몰라 방황하던 시절이 있었다.

하지만 결국은 자신의 적성과 특성을 고려하여 선택해야 된다는 것을 스스로 깨달아야 한다. 여러분들이 만약 승무원의 꿈을 가지고 있다면 그럼 주저하지 말고 대학입시에서 항공서비스학과 지원을 생각해 볼 수 있다. 그런데 항공서비스학과는 앞서 언급한 것 같이 다른 학과들과 입시전형에서 다른 점이 있는데, 바로 그것은 구술면접의 비중이 매우 높다는 것이다. 따라서 항공서비스학과 입시를 준비하는 친구들은 예체능계열의 실기준비를 하는 것만큼, 많은 시간과 노력을 구술면접에 투자해야 한다. 그렇기 때문에 최소한 1년 정도의 시간의 여유를 가지고 준비하는 것이 바람직하다. 1년 정도의 시간 동안 지원할 학교를 알아보고, 학교별로 다른 면접질문과, 면접방법을 숙지해야 한다. 지원하고자 하는 학교의 면접후기를 찾아 읽어보고, 면접 시

주의해야 할 사항들을 꼼꼼히 확인하는 노력도 필요하다. 또한 자신만의 면접답변 노트를 만들고, 그 답변들을 연습하는 시간도 충분히 있어야 하기 때문에 최소한 1년 정도의 시간은 걸린다고 볼 수 있다.

③ 가치 있는 경험쌓기

학교생활에서도 선생님들께서 항상 강조하는 말이다. 여러 가지 경험을 쌓으면 그것들이 인생에서 꼭 유용할 때가 있다는 것이다. 학생들에게 다양한 경험을 쌓아야 한다고 말해주면 어렵게 생각하거나, 돈을 들여 여행을 가거나, 해외연수 가는 것들만 생각하는 경향이 있다. 하지만 가치 있는 경험은 꼭 비용이 들거나, 힘든 봉사활동 같은 것만을 말하는 것이 아니다. 미술전시나 영화관람하기, 공연보기, 기차여행, 새로운 것 배워보기 등 얼마든지 인생에 의미를 부여하는 경험을 할 수 있다. 저자는 고등학교 시절 미술을 정말 좋아했다. 우연히 미술교과서 표지의 그림에 매료되어 미술전시 관람에 흥미를 가지게 되었다. 참 다행이었던 것은 거주지 근거리에 경복궁과 삼청동이 있어 무료 미술관람을 할 기회가 많았고 그때의 경험은 나의 문화적·지적 수준을 높여 주었다. 물론 항공서비스학과 전공과 관련하여 어떤 경험을 하면 좋을까요? 라는 질문을 자주 받곤 한다. 여기서 한 가지를 꼽으라면 당연히 서비스관련 아르바이트 경험이다. 왜냐하면 항공사 객실승무원은 '서비스직업의 꽃'이다. 가장 수준 높고 세심한 서비스를 제공하는 일을 해야 하기 때문에 서비스직업에 대한 이해가 필요하며, 자신 스스로가 미래에 이 직업을 잘 수행할 수 있는 사람인지 스스로를 평가해 볼 필요성이 있다.

고등학교 시절부터 이런 서비스관련 아르바이트 경험에서 즐거움과 흥미를 느낀다면 당연히 항공서비스학과에 진학을 해서 미래에 승무원의 꿈을 가진다면 더할 나위 없을 것이다. 그리고 서비스관련 아르바이트 경험은 추후 학과 면접에서도 답변을 준비하는 소스가 될 수 있고, 다른 지원자들과는 차별화된 답변을 할 수 있게 만들어 줄 것이다.

4 다이어트는 평생 나의 친구

청소년기는 성장하는 시기이므로 다이어트에 신경 쓰기 어렵지만 항공서비스학과 면접에서는 외적인 조건도 채점의 한 부분이므로 적당한 체중 유지에 힘쓸 필요성이 있다. 다이어트에 관해서는 참 할 말이 많다. 지금의 나를 보면 대부분의 학생들과 친구들이 '살 안찌는 체질인가 봐요…'라는 말을 하곤 한다. 하지만 실상은 정반대이다. 고등학교 시절 폭풍성장과 함께 폭풍 몸무게를 자랑했던 나는, 입학식에 맞춘 교복이 맞지 않아서 치마뒤를 옷핀을 꽂아 입고 다닐 정도였다. 특히 입시 스트레스를 먹는 것으로 풀었던 나는 하루에 떡볶이 4인분과, 젤리 10봉지씩 먹어 치웠다. 고등학교를 졸업하던 때가 바로 내인생의 흑역사라고 말할 정도로 통통했다. 하지만 대학을 진학하자마자, 살과의 전쟁을 선포하고 운동을 하기 시작했다. 엄마를 따라 매일 아침 에어로빅을 다녔고, 가까운 거리는 무조건 걸어다녔으며, 친구들과 모임에서는 절대로 칼로리 높은 음식은 먹지 않았고, 술자리에서는 안주는 잘 먹지 않았다. 그래서 60킬로그램이 넘던 내가 40킬로그램 후반대의 몸무게를 10년 넘게 유지할 수 있었다. 이제는 이런 생활습관이 몸에 익숙해져서 어렵지 않게 느껴질 줄 알았는데 아니었다.

결혼 후 쌍둥이를 임신해 20킬로그램이 넘게 몸무게가 불어났다.

출산을 하자마자 강단에 서 있는 내모습과 학생들 얼굴이 떠올랐다. 승무원을 준비하는 학생들에게 다이어트의 중요성을 인식시켜야 하는 나의 직업의 특성상 스스로가 모범이 되어야 된다고 생각했다. 바로 다이어트에 돌입했다. 우선 출산 후 바로 운동은 어려웠기 때문에 식단조절을 제일 먼저 했다. 식단조절은 절대 먹지 않는, 굶는 것이 아니라 아주 많이 먹는 것이다. 무엇을? 바로 살찌지 않는 음식들만 골라 많이 먹는 것이다. 샐러드, 방울토마토, 고구마, 호밀빵 등 칼로리가 낮은 음식 위주로 푸짐하게 먹었다. 왜냐하면 칼로리가 낮기 때문에 쉽게 배고프고, 식욕이 폭발할 수 있기 때문이다. 칼로리가 낮은 음식을 정말 양껏 먹으면 뇌가 스스로 많이 먹었다고 인식하기 때문에 배가 잘 고프지 않아 효과가 있다. 3개월간의 식단조절 후부터 운동을 시작했다. 뛰거나, 점프하는 강도 높은 운동보다는 스트레칭 위주의 요가를 시작했고, 주 5회를 참석했다, 6개월이 지나면서부터 신체적 변화를 느꼈고, 그로부터 1년 후에 난 50킬로그램의 몸무게를 유지하고 있다. 물론 요즘은 식단조절보다는 운동만 주 3~4회 정도 꾸준히 하고 있다. 다이어트가 나의 평생친구라고 생각한다. 원래 먹는 것을 좋아하는 편이기 때문에 주말에는 특히 칼로리 높은 음식을 내게 보상해 주듯이 많이 먹는다. 하지만 그래도 여전히 몸매는 유지하려고 신경을 많이 쓴다.

내가 만약 그 시절에 항공서비스학과를 진학하기 위해 준비하는 학생이었다면 어땠을까? 체중조절에 대해 스트레스를 많이 받고 걱정했을 것이다. 이것은 당연한 것이다. 그래서 가급적이면 입시면접을 위해 시간을 두고 다이어트를 준비해야 한다고 생각한다. 면접기간을 문전 앞에 두고, 굶어서 하는 다이어트는 요요현상으로 결국 더욱 살이 찌게 되는 악순환을 만들 것이다. 최근 '나혼자 산다'라는 방송에서 김사랑(미스코리아 출신 연예인)이 배우이기 때문에 몸에 좋지 않은 것은 하지 않고, 먹지 않는다고 했을 때 참 공감이 갔다. 승무원이라는 직업도 몸이 재산이고, 몸매는 필수라고 생각한다.

지금부터 다이어트는 나와 평생을 같이할 베스트프렌드라는 긍정적 생각을 해보자.

⑤ 미소는 액세서리

　대학에 입학 후 여름방학에 아르바이트를 하게 되었다. 전시운영일을 하시는 친척의 소개로 전시회에서 안내도우미를 하게 되었다. 시간당 급여도 높고, 더운데 시원한 에어컨이 나오는 공간에서 일을 하게 되어서 너무 좋았다. 하지만 아르바이트생들을 관리하는 매니저 언니가 굉장히 깐깐하고 무서워보였다. 그 언니는 이런 도우미들의 세계에서 경력이 많고, 정말 날씬하게 아름다운 외모를 가진 사람이었으나

성격은 굉장히 세보였다. 나
를 처음 보마자마 한 말
이 "넌 왜 그렇게 썩
소냐?"이었다.
난 너무 충격
을 받았다.
나 스스로
생각하기에
잘 웃는 편
이고, 남들
이 웃는게
예쁘다는 말
을 해줘서 항상
기분좋게 웃는 상
이라고 생각하고 있
었는데 그 언니는 완전 반
대의 말을 내게 한 것이다. 그것도
아주 구체적으로 "넌 왼쪽이랑 오른쪽
입꼬리가 비틀어져 있어서 썩소

같이 보여."라고 말했다. 화장실로 뛰어가 거울에 비친 내 모습을 찬찬히 들여다 보았다. 웃는 표정을 지으며 거울을 보니 정말 그 언니말대로 왼쪽 입꼬리가 오른쪽보다 더 올라가 있는 것이 아닌가? 물론 썩소라는 표현은 좀 지나치다고 생각이 들었지만 내가 미소짓는 모습이 객관적으로 아주 아름답지는 않구나 라는 것을 금방 깨달았다. 아름다운 얼굴은 아름다운 표정과 미소에서 나온다고 생각한다. 그래서 그때부터 손거울을 자주 보기 시작했다. 표정연습을 시작한 것이다. 뇌의 구조는 신기하다. 우리가 웃는 표정을 지으면, 저절로 뇌가 즐거운 생각을 떠올리게 한다. 반대로 예쁜 미소를 짓는 사진을 보면, 우리의 뇌는 그 표정대로 따라하게 만들어준다는 것이다. 그래서 나도 '롤모델'을 정해 미소가 예쁜 여자의 사진을 자주자주 보며, 미소 연습을 했다. 신랑이 내게 이런 농담을 하곤 한다. "너가 예뻐서 결혼한 게 아니라. 너가 웃는 모습이 예뻐서 결혼한거야..."라고...

그렇다. 지금의 나는 더 이상 썩소가 아니다. 남들에게 좋은 인상을 가졌다는 말을 비교적 많이 듣는 사람이 되어 있다. 내가 객관적 잣대로 미인의 모습을 가지지 않았다고 해서 절대 실망할 필요가 없다. 아름다운 미소는 나를 아름다운 사람으로 만들어 주기 때문이다.

또한 항공서비스학과 면접뿐만 아니라, 미래에 항공사 면접에서 합격의 중요 요소 중에 좋은 이미지가 한 부분을 차지한다. 결국 좋은 이미지를 만들어 주는 것은 아름다운 미소와 표정이라고 생각한다.

6 말은 습관

말하는 방법은 어린 시절부터 오랜기간 동안 쌓여 현재의 나의 모습을 만들어 준다. 어린 시절 보통 부모님이 말하는 스타일을 따라 하게 된다. 특히 엄마와 많은 시간을 보내기 때문에 엄마의 말투가 내가 말하는 투와 거의 흡사하다. 엄마가 빨리 말하는 편이라면 나 또한 그럴 것이고, 반대로 좀 느린 편이라면 여러분들 또한 그럴 것이다. 하지만 말하는 방법은 습관인 만큼, 변화시킬 수 있다. 특히 발음과 목소리는 후천적 노력의 의해 변화시킬 수 있는 요소 중 하나이다. 물론 아나운서처럼 완벽한 발음은 아니더라도 연습을 통해 면접에서 또박또박 말할 수 있도록 평소에 연습을 해야 한다. 발음연습은 나 또한 어렵다고 생각한다. 면접 연습 시 동영상을 찍어 어떤 발음이 잘 안 되는지 파악하는 것이 우선이다. 그 후 잘 되지 않는 발음을 집중적으로 연습하는 것이 좋다. 또한 목소리 톤도 같은 방법을 사용해서 할 수 있다. 동영상에서 자신의 목소리 톤이 높다면 중저음의 톤으로 말하는 연습을 하고, 반대로 톤이 너무 낮다면 서비스 직무에 맞게 톤을 높여 말하는 연습을 해야 한다.

중저음의 목소리 톤은 상대방에게 신뢰감을 준다(목소리트레이닝북, 저자 임유정). 반대로 높은 목소리 톤은 상대방에게 친절함을 느끼게 해준다. 하지만 중저음의 목소리 톤이라면 서비스직에서는 조금은 친절하지 않다는 느낌을 줄 수 있고, 너무 높은 톤의 목소리는 신뢰감을 떨어뜨리고 신경을 분산시킬 수 있다. 그렇기 때문에 말을 할 때, 상황에 맞게 중저음의 목소리 톤과, 높은 톤의 목소리를 모두 사용할 수 있도록 하는 연습이 필요하다.

7 정보의 힘

항공서비스학과를 가고자 하는 학생들은 우선 평소에 가고자 하는 대학에 대한 정보를 수집한다. 인터넷에 나온 정보를 활용하는 것도 좋고, 관련책자

나, 승무원관련 카페, 블로그에서 내용을 참고하는 것도 좋다. 하지만 주변에 항공서비스학과를 졸업한 선배에게 조언을 구하는 것이 가장 살아있는 정보라고 생각한다. 만약 고등학교 선배 중에 관련학과에 지원한 사람을 모른다면 직접 자신이 지원하고자 하는 학교를 방문해보자. 항공서비스학과 학생들은 유니폼을 입고 다니기 때문에 눈에 띄게 마련이다. 그 미래에 선배가 될 언니들에게 잠시 인터뷰를 요청해 보는 것도 좋다. 급작스럽게 만나서 말을 걸 용기가 나지 않는 학생들은 SNS를 활용해보자. 인스타나 페북에서 항공서비스학과 재학 중인 언니들을 찾아 개인적으로 메시지를 보내고, 친분을 쌓은 후 개인적으로 궁금한 것을 물어보는 것도 좋은 방법이다. 만약 이런 방법이 어렵다고 생각하는 친구들이 있다면 저자에게 언제든지 이메일을 보내도 좋다. 항공서비스학과 면접 전문가인 내가 궁금증들에 대한 답을 속 시원하게 해주겠다.

⑧ 수상경력

예비승무원 선발 대회나, 영어 또는 특정 외국어 관련한 경시대회에 나가 수상 경력을 쌓는 것도 대학 입시 면접에 좋은 영향을 줄 수 있다.

특히 예비승무원 대회는 각 항공서비스 관련학과가 있는 대학들에서 자체적으로 진행을 한다. 여기서 예비승무원으로 선발된 학생들은 입학 시 특전이 주어진다. 수상자에게 장학금 및 상금이 수여된다.

자신의 마음에 염두에 두고 있는 대학에서 열리는 예비승무원 대회에 참가해 보는 것을 특히 추천한다. 그 학교의 분위기를 직접 경험할 수 있으며, 그 학교 교수님들과 대면해 보고 실제 입시 면접과 같은 경험도 할 수 있다. 예비승무원 대회는 대체적으로 5~6월 사이에 개최되며 각 학교 홈페이지에서 확인할 수 있다. 지원하고자 하는 학교 홈페이지를 수시로 검색하고 확인하여 중요한 정보들을 놓치지 않도록 해야 한다.

또한 어학성적이 입시에 가산점이 되는 대학들도 있다. 특히 영어관련 공인성적을 위해 시험을 보거나, 영어스피치 경시대회 수상경력은 매우 좋다. 면접 시 영어질문을 하는 대학들도 있기 때문에 영어공부 또한 게을리해서는 안 된다. 특히 영어공인 성적 중 토익과 토익스피킹 테스트는 한 번쯤 경험해 보면 좋을 것 같다.

❾ 백설공주의 강점은 피부

흔히들 백옥 같은 피부, 백설공주 같은 피부를 아름답다고 말한다. 특히 승무원에게 있어 좋은 피부를 가진다는 것은 하나의 강점이 될 수 있다. 오랜 시간 동안 비행을 하다 보면 건조한 기내 환경 때문에 피부 상태가 나빠지게 된다. 또한 서비스직에서 첫인상은 중요한 요소인데, 피부상태가

좋은 이미지의 구성요소이기 때문이다. 그렇기 때문에 승무직을 수행할 인재를 선발할 때 피부상태를 체크하지 않을 수 없다.

물론 청소년시기에는 피지 분비가 많고, 호르몬의 영향으로 급작스럽게 피부가 안좋아질 수도 있다. 하지만 평소에 얼마든지 홈케어로 피부관리를 할 수 있다. 화장품 전문매장에 가면, 피부타입에 맞게 다양한 종류의 팩이

나와 있고, 필링제나 모공관리하는 제품들도 많이 있다. 나도 피부과에 가서 돈을 들여 시술하기보다는 평소에 1일 1팩을 실천하려고 노력하고, 여름에는 넓어지는 모공을 관리하기 위해 홈필링 제품을 사용한다. 화장품 관련 정보들은 블로그나, 인스타에서 얼마든지 쉽게 찾을 수 있다.

특히 난 평소에 올리브영을 자주가는 편이다. 물건을 구매하기보다는 새로운 뷰티제품이 언떤 것이 나왔는지 찾아보고, 내 피부에 맞는 더 좋은 제품이 있는지 찾아보곤 한다. 결국 가장 비용대비 효과가 좋은 화장품이나 제품을 찾아 사용하면서 셀프 피부 관리를 게을리하지 않고 있다. 요즘은 10대부터 색

조화장을 시작한다. 이 현상에 대해 난 부정적으로만 보지 않는다. 아름다워지고 싶은 여성의 욕구는 5살인 나의 쌍둥이 딸들도 가지고 있다. 어린이용 마스크 팩을 하고, 유해성분이 없는 수성매니큐어를 그녀들도 칠하고 있다. 그러니 10대에게 맞는 화장품도 넘쳐나는 현대사회에서 화장을 안하는 친구들이 오히려 촌스럽게 여겨진다. 하지만 어렸을 때부터 가장 중요한 것은 본연의 깨끗하고 부드러운 피부를 유지하는 것이다. 선크림을 잘 바르고, 세안전 메이크업을 잘 지우고, 피부가 건조하거나 트러블이 났을 때 마스크팩 같은 것으로 관리를 해주는 것이 우선시 되어야 한다. 백설공주의 새엄마가 백설공주를 질투한 이유는 아마도 그 깨끗하고 젊은 피부가 아니었

을까? 결코 새엄마도 아름답지 않은 외모를 가진 것은 아니었을 것이라는 생
각이 든다.

10 면접은 무대에 서는 것

우리는 항공서비스학과를 입학하기 위해서는 꼭 거쳐야 되
는 관문 '면접'을 통과해야 된다. 면접은 공연을 하기 위
해 무대에 오르는 것과 같다. 무대에 서기 위해 연습한
것들을 하나하나 머릿속에 떠올리며, 그 연습의 결과
물을 한 순간에 보여 주는 것이다. 하지만 더 중요한
것은 내가 연습한 과정을 관객은 모른다는 것이다. 노
래를 부르다 한 소절 틀려도, 무용을 하다가 한 몸
짓이 틀려도 당신이 머뭇거리지만 않는다면
관객은 눈치채지 못할 것이다.

항공서비스학과 면접에서는 교수님들은
여러분이 연습한 과정에 대해 알 수가 없다. 그
렇기 때문에 오히려 긴장할 필요가 없다. 준비한 답변
이 틀려도 교수님들은 모른다. 교수님들이 나의 답변노트
를 들여다보고 있는 것이 아니기 때문에 외운 대로 해야 된다
는 강박관념을 떨쳐 버리자. 오히려 생각나는 대로 느끼는 대
로 진솔한 답변을 하는 것이 플러스가 되는 경우도 있다.

면접의 무대에서 여러분의 꿈과 열정을 맘껏 펼쳐 보이는 것
이 합격의 문을 여는 열쇠라고 생각한다.

3A		
Appearance (겉모습)	• 미소, 인상, 피부 • 체중, 신장, 체형 • 화장, 복장, 헤어	
Attitude (태도)	• 친절, 예의, 겸손 • 신뢰감, 자신감, 열정감	
Ability (능력)	• 의사소통능력 • 승무원 직무수행능력 • 외국어 구사능력	

 ## 2. 항공서비스학과 합격을 위한 요인 3A

항공서비스학과 입학을 위해 준비하는 학생이 꼭 알아야 할 10가지를 앞서 알아보았다. 사실 가장 중요한 것은 항공서비스학과 입학을 생각하는 지원자들은 결국 미래에 승무원이 되기 위해 준비하는 과정이라는 생각을 한다는 것이다. 그렇기 때문에 항공서비스학과 입학을 염두에 둔 지원자들은 승무원이 되기 위해 갖춰야 되는 주요 요소들에 대한 인지와 사전지식을 갖추고 있어야 한다. 승무원이라는 직업의 특수성 때문에 갖춰야 되는 자격요건들도 다른 여타의 직업들과 다른 점들이 있다.

3A란 항공서비스학과 학생들이 미래에 승무원이 되기 위해 준비해야 되는 3가지 A를 말한다. 첫 번째 A: Appearance, 두 번째 A: Attitude 그리고 세 번째 A: Ability를 의미한다.

그럼 3A의 상세요소들을 살펴보고자 한다.

첫 번째 A의 apperance는 겉모습이란 뜻을 가지고 있다. 승무원에게 요구되는 겉모습은 과연 어떤 것일까?에 대해 우선 생각해 보자. 미인대회 출신이나 연예인들처럼 단순히 절대적 미의 기준에 부합해야 된다는 뜻은 아니다. 그렇다면 나를 비롯해 승무원이 될 수 있는 사람은 너무나 한정적일 것이다. 우선 미소, 인상, 피부를 들 수 있다. 아름다운 미소와 편안한 인상은 자신의 성격과 내면을 드러나게 해준다. 타인을 위해 봉사하고 서비스를 해야 하는 일을 직업으로 가지기 위해서는 자신부터 마음의 준비가 필요하다. 그 마음 상태가 결국 겉모습에 나타나기 때문이다. 그 밖에 체중이나, 신장(키)에 대해 논의가 많이 되고 있다. 체중의 기준은 사실 모호하다. 체중이 적게 나가도 특정한 부위에 살이 집중돼 있으며 뚱뚱해 보일 수도 있고, 체중이 많이 나가도 전체적인 균형이 잘 맞는다면 날씬해 보일 수 있기 때문이다. 그렇기 때문에 평소에 규칙적인 운동과 바른 자세를 잡기 위해 신경을 쓰면서 걷는다면 몸무게보다는 몸매가 좋은 사람이 될 수 있다. 어떤 특정 항공사들은 키 대비 몸무게에 대한 기준을 정해 놓고 있다. 예를 들면 165센티미터의 적정체중은 45-53킬로그램 정도로 보고 있다. 되도록 키에 준하는 적절한 몸무게를 유지하도록 노력할 필요성이 있다. 그리고 신장(키)에 대한 기준은 다른 직업에 비해 좀 엄격한 편이다. 그 이유는 기내 환경에 잘 적응할 수 있는 최소한의 키를 가지고 있어야 되기 때문이다. 기내 선반의 높이에 손이 닿을 수 있을 정도라고 하는데, 구체적 기준은 국내항공사의 경우 162센티미터 이상, 외국항공사의 경우 158센티미터 이상 또는 암리치(arm reach: 팔이 닿는 길이)가 206~212센티미터 정도의 기준으로 각 항공사마다 약간씩 차이가 있다. 실제 나의 키가 165센티미터인데 일할 때 나보다 키 큰 친구들을 보면 살짝 부러웠다. 기내 선반에 물건을 올릴 때 나보다는 쉽게 하는 것을 보며, 승무원은 키가 크면 좀 장점이 될 수 있겠구나 라는 생각을 한 적도 있다. 하지만 이것이 꼭 절대적 기준이 되지 않는다는 사실을 경험하게 된

다. 아랍에미레이츠 항공 재직시절 비행에서 정말 친절하고, 동료를 잘 챙기고, 일 잘하는 부사무장을 만나게 되었다. 근데 아무리 봐도 그녀의 키가 158센티미터가 안 되어 보였다. 궁금증을 참을 수 없었던 나는 실례를 무릅쓰고 물어보았다. 그녀는 웃으면서 "사실 난 기준 키에 조금 미달이야, 157센티미터이거든... 근데 에미레이츠에서 나를 뽑아 주었다. 난 그래서 이 회사가 너무 좋고, 내 일에 만족해."라는 대답을 하는 것이 아닌가? 사실 이야기를 들어보니, 그녀는 서비스관련 직업경험이 많았고, 심지어는 간호대학을 나와서 응급처치에 대한 지식과 실무적인 것들을 매우 잘 알았다. 거기에다가 외항사 승무원에게 적합한 열린 자세와 긍정적인 마인드까지 겸비하고 있었으니, 키에 대한 단점은 전혀 보이지 않았다. 그때 이런 생각이 들었다. '내가 면접관이라도 그녀를 뽑았겠다....' 그리고 '외항사는 참 열려 있는 회사구나...'라고 말이다. 그렇다고 해서 키가 작은 친구들은 무조건 외항사를 가겠다고 생각하는 것은 금물이다. 자신 스스로가 나중에 외항사에 대해 잘 알아보고, 자신과 맞는지에 대해서 깊이 고민하고 결정해야 한다.

여자의 외적인 부분에서 메이크업, 헤어, 옷차림은 빠질 수 없다. 다행인 것은 항공서비스학과에 입학을 하게 되면 위의 것들은 어느 정도 다 갖춰진다는 것이다. 1학년 때는 어색한 화장과 부스스한 헤어를 하지만, 졸업반이 되면 승무원의 완벽한 그루밍(Gromming)을 연출한다. 학과공부와 선배들의 도움으로 메이크업과 승무원 쪽머리를 하는 법을 배우게 된다. 항공서비스 관련학과에서 공부하게 되면 얻게 되는 큰 장점 중에 하나라고 생각한다.

두 번째 A의 attitude는 태도라는 뜻을 가지고 있다. 태도라는 것은 상당히 포괄적이다. 하지만 여기서 말하는 태도는 객실승무원이 갖춰야 하고 그들에게 요구되는 태도를 말한다. 우선 친절, 예의바름 그리고 자신감 있는 태도가 중요항목으로 여겨진다. 우리가 승객이라고 가정을 하고, 비행기에 탑승할 때 승무원들에게 기대하는 첫 번째 태도가 친절하게 우리를 맞아주면서 인사하는 것이다. 이것은 생활습관에서 나온다고 생각한다. 어른

들이 옛 속담으로 '절하고 뺨맞는 놈은 없다.'라고 말한다. 이것은 인사의 중
요성과 인사를 잘하면 아무것도 하지 않아도 나쁜 일은 피해갈 수 있고, 좋
은 인상을 심어줄 수 있다는 단적인 표현일 것이다. 나또한 마찬가지이다.
자녀들에게 엘리베이터안에서 만나는 이웃에게 인사를 하라는 말을 하며,
아파트 현관에서 만나는 청소하시는 분들과 경비업체 직원들에게 먼저
인사를 건네는 모습을 아이들에게 보여준다. 또한 학
교에 강의를 갔을 때 복도에서 마주치는 모르는
강사 분들에게도 인사를 건넨다. 이것은 직업적
으로 훈련이 되어서이기도 하지만, 실제적
으로 인사를 먼저 건네 커피를 얻어 마신
적도 있고, 점심을 사준 동료교수도 있었
다. 이런 생활의 경험을 통해 웃으면서
인사를 하는 것은 절대로 손해가 되지
않는다는 것을 더욱 깨달았다. 그리고
자신감 있는 태도에 대해서는 정말 두
번, 세 번 강조해도 지나치지 않는다. 항공
서비스학과에 입학한 친구들이 학교생활을
하다보면 자신보다 뛰어난 외모를 가지고 있거
나, 어학실력이 뛰어난 친구들을 선망의 대상으
로 삼거나, 마음속으로 비교하며 자신감을 잃
는 모습을 많이 보았다. 하지만 자신감이라는
것은 자신 스스로를 누구가와 비교하여 가질
수 있는 마음이 아니다. 자신감은 자신 스스로
를 사랑하는 마음에서 시작된다. 부모님에게
어떤 아이도 사랑스럽지 않은 아이가 없다. 이
런 근본적인 경험을 통해 이 세상에서 가장 소
중한 존재는 자신 스스로임을 깨달아야 한다.

만약 당신이 자신감을 잃고 스스로를 통제 못하는 경험을 하게 된다면 부모님을 떠올려 보자. 이 세상에서 가장 소중한 존재이자 나를 누구보다 사랑하는 부모님의 마음을 조금이라도 헤아려 본다면 자기 스스로를 사랑하지 않을 수 없다. 자신을 사랑하지 않는다는 것은 부모님의 존재를 부정하고 부모님의 사랑을 믿지 못한다는 뜻이 되기 때문이다. 자신을 사랑하는 것도 노력에 의해 될 수 있다. 자신의 긍정적인 면을 더 크게 생각하고, 좋은 면을 찾으려는 마음속의 노력으로 말이다. 자신에 대한 사랑이 가득찬다면 이 마음의 상태는 자신감으로 당연히 이어진다. 또 하나 중요한 태도라고 생각되는 것은 열정이라고 생각한다. 여러분에게 주어진 상황, 과제, 일을 바라보고 수행하는 태도이다. 자신이 처한 상황과는 상관없이 학생은 학생답게 공부를 열심히 하려고 노력하는 모습을 가지고, 꿈이 있다면 그 꿈을 이루기 위한 준비를 하는 과정에서 흔들림 없이 노력하는 모습을 가지는 것을 의미한다. 열정은 타오르는 불꽃같기 보다는 작은 바람에 흔들릴 수 있지만 쉽게 꺼지지 않는 촛불 같아야 한다. 열정은 순간의 충동이기보다는 현재에 최선을 다하는 노력들이 쌓여 결과물로 보여져야 한다. 만약 여러분이 4~5년 후 원하는 항공사에 입사하여 객실승무원으로 일하고 싶다는 꿈이 있다면, 이 목표를 달성하기 위한 열정이 수반되어야 한다. 그 열정의 불꽃의 시작은 항공서비스학과를 입학하기 위해 고등학교 시절에 준비를 차근차근하는 것에서부터 비롯된다. 결국 열정을 마음속에 담고 목표를 향해 나가는 방법들을 알고, 그것을 실천해 본 사람들은 직업을 가진 후에도, 미래에 새로운 것에 도전할 때도 그 열정의 길을 따라갈 수 있게 된다. 항공서비스학과를 입학하고자 여러분들은 지금 당장의 피곤함과 게으름을 떨쳐 버리고, 열정의 길을 따라가야 한다. 지금은 그 열정의 길이 미약하고, 희미해 보이지만 결국 자신의 꿈을 이루는 방법이자 인생을 대하는 태도가 되어 있을 것이다.

세 번째의 A의 ability는 능력이라는 뜻을 가지고 있다. 여기서 말하는 능력이란 선척적으로 타고나는 능력을 의미하기보다 후천적으로 갈고 닦아 준비하는 능력들을 말한다. 특히 승무원이라는 직업을 수행하는 데 있어 꼭 필요한 능력을 중심으로 준비해 나가야 한다. 이 능력은 3가지 중요요소가 있는데 의사소통능력, 직무수행능력, 외국어구사능력을 들 수 있다. 우선 의사소통능력은 누구나가 말을 할 줄 아는 사람이라면 다 가지고 있는 것 아닌가? 라고 단순하게 생각한다. 하지만 의사소통능력이 뛰어나고 덜 뛰어나고에는 현저한 차이가 있다. 우리가 같은 상황에서 같은 내용을 설명할 때도 어떤 친구가 이야기하면 재미있고, 이해가 잘 되는

반면, 다른 친구가 이야기 하면 무슨 이야기를 하는지 이해가 잘 안 되고 설명의 군더더기가 많이 있어 지루하게 느껴지는 경우가 있다. 바로 이런 것이 의사소통능력의 차이의 쉬운 예이다. 승무원들은 제한된 공간에서 제한된 서비스를 해야 하기 때문에 승객의 요구에 유연하게 응대할 수 있어야 하는데 이를 위해 필요한 것이 바로 의사소통능력인 것이다. 의사소통능력을 기르기 위해서는 여러 가지 방법이 있다. 시간이 많이 투자되어야 하지만 이런 방법들을 추천한다. 책을 읽는다. 그리고 책의 내

용을 자신의 생각을 덧붙여 정리해 본 후 그 책의 내용을 친구에게 들려준다. 왜 이런 방법을 하는 것이냐 하면 책을 읽기만 해서는 의사소통, 특히 말하는 능력은 향상되지 않는다. 책을 읽으면 생각의 깊이가 생기고 다른 사람

입장이나 예기치 못한 상황에 대해 쉽게 이해하는 힘이 길러진다. 그리고 읽은 내용을 정리해보면 생각의 정리와 함께 이야기를 표현하는 방법을 스스로 배우게 된다. 마지막으로 읽고 정리한 내용을 타인에게 이야기하면서 전달해보면 조리 있게 말하는 방법을 배우게 된다.

직무수행능력은 직접적으로 업무를 수행하는 방법을 미리 다 알고 항공사에 지원해야 된다는 뜻이 아니다. 승무원이 되기 위해 항공서비스학과에서 배우는 전공에 대한 학문적 이해와 실제적 연습을 통해 숙지하면 좋다는 뜻이다. 항공서비스학과에서 배우게 될 전공들은 직무수행에서 필요로 하는 많은 부분들과 연관성이 있다. 전공공부에 좀 더 관심을 갖고, 나중에 승무직을 수행할 때 도움이 된다는 사실을 염두하고 있으면 좋다. 특히 여러분들은 전공을 통해 객실승무원의 직무에 대한 깊은 이해와 지식을 갖추게 될 수 있기 때문에 다른 전공자들과는 비교우위에 설 수 있을 것이다.

마지막으로 외국어구사능력은 가장 강조하는 싶은 부분이다. 항공사에서 요구하는 토익 550점을 채우기 위해 울며 겨자먹기로 영어를 공부하는 것은 절대 금물이다. 토익점수는 입사지원을 위한 최소한의 요건일 뿐이다. 승무원의 직무는 많은 부분들이 영어를 필요로 한다. 항공용어나, 외국체재 시, 외국승객 응대 시뿐만 아니라 추후 승진과도 연관되어 있다. 여기서 어떤 학생들은 그러면 영어말고 제2외국어를 하는 것이 승무원이 되는데 도움이 되나요? 라는 궁금증을 가질 것이다. 이것에 대한 답은 "YES 50%" 그리고 "No 50%"이다. 왜냐하면 영어를 기본적으로 공부를 하고, 제2외국어를 하는 것은 플러스적인 요인이 되지만, 영어에 대한 구사능력이 아예 부족한 상태에서 제2외국어만 잘하는 것은 아무런 도움이 되지 못한다. 물론 특정 외국항공사는 그 나라 언어 , 예를 들면 에어프랑스는 프랑스어전공자를 채용하거나, 동방항공사는 중국어를 잘하는 사람을 우대하는 경우는 있다. 하지만 국내외항공사를 막론하고 가장 중요하게 생각하는 외국어는 영어이다. 영어구사능력이 뛰어난 사람은 일을 할 때도 많은 이점이 있고, 실제로 영어는 승무원을 평생직업으로 하는 한 평생 나의 친구가 되어야 한다.

3. 항공서비스학과 지원하는 남학생을 위한 tip

시대의 변화에 따라 직업에 대한 인식도 많이 바뀌었다. 성별에 구분이 확연하던 직업군들에서 성별과 상관없이 채용을 하거나, 승진을 하는 사례들이 많이 생겨나고 있다. 이처럼 항공업계에서도 주로 여승무원만을 채용하던 관습에서 벗어나 남승무원을 대거 채용한 경우도 있고, 남승무원의 비율을 조금씩 높여가고 있다. 이런 현상은 항공서비스학과 입시에도 영향을 끼쳤다. 항공서비스 관련학과 대부분이 기존에는 여학생만을 선발하였었는데, 최근에는 남학생을 선발하는 학교가 늘어났다. 하지만 남학생을 선발하는 기준과 여학생을 선발하는 기준에는 차이점이 있다. 다음에서 그 차이점을 알아본다.

❶ 남학생의 토익점수

항공서비스학과를 졸업하고 항공사 객실승무원을 지원하는 남학생들의 토익점수 평균은 여학생보다 현저히 높다. 대략 100점 이상은 차이가 난다. 그 이유는 남학생들은 항공서비스학과 입시에서도 소수만을 뽑기 때문에 경쟁률이 높고, 비교적 여학생보다 어학성적이 우수한 인재들이 많다. 특히 입시에서 남학생들은 영어성적이 높거나, 외국어특기자, 토익성적 보유자들이 많은 수를

차지한다. 이런 현상은 항공사에서 외국어 실력이 뛰어난 남승무원을 선호하기 때문이다. 외국어 실력이 뛰어나다는 의미는 항공사의 업무의 특성상 외국어를 사용할 일이 많고, 관리직일수록 외국어의 필요성이 강조되기 때문이다.

남자들은 출산, 결혼에 구애받지 않고 오랜 기간 회사에 근속하는 사례가 많다. 긴 근속기간으로 인해 남승무원은 관리직에 오르는 사례가 많기 때문에 영어 실력이 뛰어나고 스마트한 이미지를 선호하는 것이다.

② 남학생의 말투

과거에 남학생을 항공서비스학과에서 많이 선발하지 않은 이유는 객실승무원의 업무를 잘 수행할지에 대한 의구심 때문이었다. 하지만 남자들도 개인성향에 따라 서비스직무가 잘 맞는 경우가 있다. 남학생들이 항공서비스학과의 면접을 준비할 때는 가장 먼저 신경을 써야 하는 것이 바로 말투이다. 남자들은 여자보다 중저음의 목소리가 대부분이기 때문에 면접에서도 평소처럼 중저음으로 답을 한다면 면접관의 눈에 들 수 없다. 목소리는 바꾸기 어렵기 때문에, 목소리보다는 말투를 바꿔야 한다. 객실승무원의 직업의 특성을 고려하여, 친절하고 부드럽고 그리고 상대방을 배려하는 말투를 가지려는 노력을 해야 한다. 이 부분을 어떻게 연습해야 할지 잘 모르겠다면 아주 쉬운 방법이 있다. 좋아하는 여자친구, 좋아하는 반려견, 또는 좋아하는 여자연예인과 대화

한다고 상상을 해보는 것이다. 자신도 모르게 부드럽고 호감가는 말투가 나오며, 이런 상상을 통해 스스로 그 말투를 기억해 보는 연습을 해야 한다.

③ 남학생의 키

놀랍게도 현직 남자 객실승무원은 대부분 키가 평균 175cm 이상이다. 키가 작은 남승무원을 선호하지 않는 이유는 여러 가지가 있다. 남승무원의 자격요건 중 중요한 부분이 신체건강한 것이다. 여기서 신체건강함이 의미하는 바가 신장(키)이 평균이상이 되어야 한다는 것이다. 그렇기 때문에 항공서비스학과에서도 남학생을 선발할 때 가급적 키가 큰 지원자를 뽑고 싶어 한다. 신체적 장점을 가진 지원자를 선호하는 것은 당연히 일이다. 하지만 그렇다고 실망할 필요는 없다. 외국항공사의 경우는 남자 지원자도 키에 대한 제한에 유연성이 있으며, 국내항공사도 객실승무원 채용에 있어 키 제한을 없애 나가고 있는 추세이다. 남학생들도 단순히 키가 크고 작은 것에 대한 고민을 하기보다는, 승원으로서 갖춰야 할 다른 부분들을 채워나가는 노력을 하는 것이 더욱 중요하다.

④ 남학생의 대인관계

내가 지금까지 알고 있는 남승무원들의 공통점을 살펴보면 인간관계가 폭넓고 사람을 대하는 매너가 좋다는 것이다. 대인관계가 넓다고 꼭 좋다는 뜻은 아니지만, 이것은 어느 정도 그 사람의 성격이나, 성향이 오픈마인드라는 것을 의미한다. 특히 가부장적인 가정환경에서 자란 한국남성들은 서비스업에 맞지 않는 성향을 가지고 있는 경우가 대부분이다. 이로 인해 대인관계에 있어서, 상하수직적인 것을 강요하는 성향을 가지고 있다. 하지만 객실승무원의 직무는 성별에 상관없이, 선후배 관계를 떠나 팀워크로 서로를 도와주고, 매너를 지키면서 일을 해야 한다는 특징이 있다. 그렇기 때문에 남학생들은 특히 자신의 대인관계를 통해 자신의 성향을 잘 파악하고 항공서비스학과에 입학해서 잘 적응할 수 있을지를 고민해야 한다.

4. 항공서비스학과 면접 다이어리와 비밀답변노트

✈ 인하공전 면접후기 : 평이한 질문이지만 가장 어려운 답변이라고?

현주의 면접 다이어리

안녕? 나의 이름은 이현주야. 난 키 165 센티미터에 평범한 외모를 가졌지만 웃는 모습이 예쁘단 이야기를 많이 듣는 18살이야. 난 정말 어렸을 때부터 승무원이 되고 싶다는 생각을 많이 했던 것 같아.

예쁜 유니폼을 입은 승무원 언니들을 보면, 가슴이 막 떨리고 너무 부러운 거 있지?

이런 내 마음이 오늘 바로 인하공전 항공운항과 면접을 보게 만든 것같아. 사실 면접 준비는 많이 못했지만, 최선을 다해 면접에 임하려고,,,

오늘 나에게 행운이 같이 하길 빌어 줄래?

내가 인하공전 면접을 본 날은 1월 16일 일요일 12시 20분 타임이었어.

난 집이 대구라고 새벽 같이 일어나서, 동대구 역에서 아침 일찍 친구 만나서 KTX 타고 인천으로 GOGO~

도착한 후에 곧바로 화장실로 가서 ,얼굴에 비비 바르고 하이라이트하구 볼터치하구 입술에 립스틱 바르구 똥머리하구..헉..-_-;; 다하니 면접 10분밖에 남지 않았잖아...

친구랑 같이 올라가서 s사이즈 티셔츠 받고 갈아입었다(수시 면접 때 xs골랐다가 너무 핏트해서..s로 달라고 했어ㅎㅎ)

참고로 인하공전은 면접 때 블라우스 입지 않고, 면접 티셔츠를 나눠 주니까 따로 준비 안해가도 돼~

그리고 대기장소에 앉아 있었고, 인하공전 선배들이 면접순서를 안내해줘서 그곳에 섰는데..수시 때랑 면접상황이 비슷했다. 너무 떨리는 것은 수시 면접

볼 때나 마찬가지인 것 같아. ~

수시 때도 지원번호가 5번이었는데 정시 때도 5번이넹.. 그리구 어쩐지 서 있는 곳이 낯설지가 않아 .... 그리고 면접장에 들어 갔지. 내 느낌이 딱 맞았지~ 수시 때 면접관이셨던 신** 교수님이 계셨다. 하하 다행이다.

'날 기억 하실려나.... 이렇게 또 만나니 반갑기는 하당'

그리고 그 앞에 섰다.

첫 번째 질문은 "취미생활 하나요? 어떤 것을 주로 하나요?"라고 질문하셔서 나는 " 저의 취미는 사진 찍는 것입니다." 대답했어.

그리고 "인하공전에 입학해서 사진 콘테스트에 나가서 입상하고 싶습니다." 라고 답변을 말했는데, 잘한 것 같다는 느낌이 들었어.

두 번째 질문은 '자기자랑'을 한 번 해보세요.

나에게 이런 시련이... 자랑이 있어야 자랑을 하지......ㅠㅠ

그래서 나는 "일본어 조금할 수 있습니다."라고 하며 일본어로 자기소개를 했어.

제2외국어를 잘하는 친구들은 꼭 그 언어로 자기소개는 준비해가는 것이 좋을 것 같아.

세 번째는 개별 질문이었는데 난 사진이 취미라고 했기 때문에 "주로 어디 가서 사진을 찍나요?"라고 면접관이 물어보셨어.

난 당황해서 생각나는 대로 답을 해버렸어.

"집 뒤에 산이 있어서 그곳에서 풍경사진 많이 찍습니다."라고 했지.

마지막으로 신** 교수님께서 나보고 "사진 대회 출품한 적 있나요?" 물으셨는데 난 솔직히 "출품한 적은 없다."고 대답했다. 하지만 "인하공전에 있는 사진동아리 들어가서 배우고 싶다"라고 말했더니, 교수님께서 웃으셨어.

그리고 인사하고 나왔어.

오늘 면접을 잘 본건지 잘 모르겠지만 좋은 경험이었던 것 같아.

확실히 인하공전 항공운항과를 보는 친구들은 준비되고, 정말 승무원 같이 보이는 친구들도 많았던 것 같아.

하지만 선배님들 말이, 교수님들은 열심히 준비한 사람을 뽑는다고 하시더라고...

조금 모자란 부분이 있어도, 열심히 하는 모습을 보여 주었다고 나 스스로 자부해 합격 소식을 기다려 봐야겠어...

Key point

① 취미가 무엇입니까?라는 질문은 기본적인 질문이자, 지원자의 평소 성격과 성향을 파악하기 쉬운 질문이다. Chapter 3에 취미관련 답변 예문을 참고한다.

② 자기자랑을 하라는 것은 쉽게 이야기하면 자기소개를 짧고 임팩트 있게 하라는 뜻이다. 즉, 자기 PR의 의미이므로 Chapter 3의 자기소개 방법 내용을 참고한다.

③ 1번에 대한 꼬리 질문이다. 사진 찍기가 취미이니 찍는 장소를 묻는 것은 예상대는 꼬리 질문이므로 가급적 짧지만 30초로 재미있게 설명하자. 기억에 남거나 에피소드가 있었던 장소를 하나쯤 생각해 두자. 만약 취미가 영화 보기라고 한다면, 꼬리 질문은 당연히 가장 재미있게 본 영화? 아니면 최근에 본 영화가 무엇입니까?라는 식의 꼬리질문이 많이 나온다.

선영이의 면접 다이어리

안녕? 난 김선영이야. 난 키가 조금 큰 편이야 170 센티미터, 하지만 남들보다 큰 키 때문에 '덩치가 있어 보인다'. 또는 '밥 많이 먹게 생겼다'라는 말을 많이 들어서 고민이야.

인하공전 항공운항과 면접을 준비하게 된 것은 사실은, 사촌언니가 이 학교 출신이고, 현재 국내 메이저항공의 승무원으로 일하고 있기 때문이야.

다른 친구들에 비해 면접 준비를 많이 하진 않았지만 혼자서 5월달부터 열심히 했던 것같아. 인터넷이나 카페를 통해 항공운항, 서비스학과 정보도 많이 찾아보고, 사촌언니의 도움도 좀 받았던 것 같아.

근데 난 진짜 입시 면접만 보면 다 합격하는 줄 알았어... ㅠㅠ

그렇게 너무 편하게 생각했더니, 생각보다 면접준비를 더 했어야 한다는 생각이 들었어. 그래서 항공서비스 관련학과를 지원하는 친구들한테 면접경험을 이야기해 주고 싶어. 면접 당일 날 1시 50분 정도에 인하공전에 도착했어, 15시가 내 면접 시간인데 진짜 일찍 갔지~

그래서 머리를 다시 손질했어. (포니테일로 묶었습니다^^) 그리고 얇게 파운데이션을 바르고, 립글로스만 살짝 발랐어

기초화장만 하라는 면접 안내 동영상 때문에 망졸였지만... 가보니까 ..풀메이크업에 서클렌즈까지 낀 친구들도 많더라고^^

하지만 모두 면접관들은 학생답게 화장 진하게 하지 않은 지원자들을 더 선호한다고 선배들이 이야기해 주었어.

시간이 지나고 14시 50분에 안으로 들어갔어.

보통 학교들은 순서가 다 정해져 있고 수험번호 순대로 하는데 인하공전은 들어가서 옷 갈아입고 나오는 순서대로.. 앉아 있다가 그대로 들어가라고 했어.

조금 당황했지만 면접의 공정성을 위해서 그러는거 같다는 생각이 들어서 오히려 안심이 되었어.

신분증 수험표 검사하구, 면접대기실로 들어가서 손목에 수험번호 확인을 위한 밴드를 차고, 바코드를 찍고 캠으로 사진을 찍었어. 그리고 자신이 선택한 사이즈의 티셔츠를 나눠주고 갈아입고..

그렇게 다 갈아입고 나와서 대기하면 바로 면접장으로 들어갔어.

마치 릴레이 달리기 하는 기분이라고 할까?

그리고 면접실에 들어가면 면접관 세 분 사이에 칸막이가 있고..

첫 번째 질문은 "자신의 장점이 무엇이죠?"라고 공통질문을 했어.

그래서 "저는 붙임성이 있고, 교우관계가 좋습니다."라고 간단하게 대답했어. 좀 더 설명을 덧붙였으면 좋았을텐데 라는 아쉬움이 남았어.

두 번째 질문은 "왜 다른 학과도 많은데 이 학교 항공운항과에 오려고 하나요?"와 "혹시 어떤 사람이 추천해주었나?"였어.

준비하지 않은 질문이었지만 침착하게 "사촌언니가 이 학교를 졸업한 ***입니다. 사촌언니는 현재 객실승무원으로 근무하고 있고, 저에게 승무원이라는 직업과 인하공전의 좋은 점에 대해 이야기를 많이 해주었습니다."라고 잘 이야기했어.

세 번째 질문은 "이제 항공운항과를 졸업하고 항공사에 취직하면 여러 나라를 여행할텐데 어디에 가장 가보고 싶나요?"였어.

사실 이 질문은 생각해 본 적이 없어서 머뭇거리다가 "생각을 해본 적이 없어서요, 앞으로 생각해 보겠습니다."라고 급하게 마무리했어.

내 생각에는 정말 자신감 있게 말을 하는 것이 가장 중요한 것같아! ㅠㅠ

같은 조의 1번 지원자가 목소리가 너무 작고 자신감 없어서, 면접관 분께서 원래 목소리가 그렇게 작냐고 물어 보셨고 그 지원자가 더욱 당황하더라고.

면접결과는 나와 봐야 알겠지만. 정말 좋은 경험이었다고 생각해.

Key point

① 첫 번째 질문 '장점을 말씀하십시오'는 면접에서 많이 나오는 가장 기본적인 질문이다. Chapter 3의 장단점 예문 답변을 참고한다.

② 두 번째 질문 '왜 많은 대학 중에 인하공전을 택했느냐'라는 질문은 Chapter 3에 학교지원동기에 답변 예문을 참고한다. 추천을 '누가 해 주었느냐'라는 질문에는 평이하게 승무원인 사촌언니, 고등학교 선배 중 이 학교를 다니고 있는 언니가 추천해 주었다고 답하는 것이 좋다.

③ 세 번째 승무원 면접시험 질문과 같다. 평소에 가보고 싶었던 나라에 대해 자세하게 조사해 놓는다면 답을 쉽게 할 수 있고, 아니면 외국여행 가보았던 곳 중 하나를 골라 가봤는데 어떤 점이 좋아 다시 그 나라를 꼭 가보고 싶다고 답하는 2가지 방법이 있다. 특히 평소 가보고 싶었던 나라에 대해서 자료조사할 때는 그 나라에 대해 사람들이 잘 모르는 부분이나 흥미로운 축제, 음식, 문화를 경험하고 싶어서 가보고 싶다고 대답을 하면 좀 더 차별화된 답이 된다. 면접관들은 전직 승무원 출신이 많기 때문에 여행정보에 대해서는 여러분들보다 더 많이 알고 있다는 것을 잊지 말아야 한다.

예슬이의 면접 다이어리

안녕? 난 인하공전 면접 완전 망친 한예슬이야.

난 솔직히 면접이 그렇게 중요한지 몰랐던 것 같아.

면접을 보고 나서 정말 많은 것을 느끼고 배운 거 같아.

내가 면접 본 이야기를 친구들에게 꼭 얘기해주고 싶어. 나처럼 다른 친구들은 실수하지 않으면 좋겠어.

난 아침 11시 조였어.

난 사실 키가 큰 편인데 같은 조 친구들도 다 커서 내가 작아 보이는 느낌이 들었어. 하지만 키는 그다지 중요하지 않은 거 같아.

첫 번째 받은 질문은 "취미가 무엇인가요?"였어.

나는 너무 긴장해서 "취미로 산책을 해요."라고만 하고 뒤에 설명을 제대로 하지 못했어.

그리고 난 후

면접관 중 가운데 계신 분이 같은 조의 지원자들에게 모두 "세 발짝 앞으로 나오세요."라고 하셨어. 그리고 우리의 얼굴을 자세히 살펴보셨어.

아마도 화장했나, 안했나를 확인하실라고 그러신 것 같아.

화장은 하더라도 아주 연하고, 자연스럽게 하고 가야 할 것 같아.

두 번째 질문이.... 아직도 문제가 잘 이해안가지만..

"기내식에 불만을 가지는 사람이 많은데 어떻게 개선하면 좋을까요?"였어.

우리 조에서는 나에게 처음으로 이 질문을 하셨는데.. 너무너무 당황해서

3초 정도 으음.. 거리면서 멍 때리다가 문제가 이해안가서 다시 여쭤봤습니다.ㅜㅜ

다시 말씀해 주시고 나서 또 3초 멍 때리다가 정말 생각나는 대로 "뷔페식으로 하면 좋겠습니다."라고 말도 안 되는 답변을 했습니다.

면접관님께서 "그렇게 하면 문제점이 생길텐데 ....., 무슨 문제점이 생길까요?"라고 하셔서 나도 모르게 "혼잡해질 것 같습니다."라고 답을 해버렸어 ... 황당

면접관님께서 "그럼 다른 걸 말해보세요."라고 하셨어.

사실 지금도 그때 내가 뭐라고 답을 했는지 기억이 않나.

세 번째 질문은 "승무원이 꼭 되야 되는 이유는 무엇인가요?"

앞서 받은 질문에 대답을 잘 못한 충격 때문인지

이 질문에 대한 답도 제대로 못하고 시간이 가버린 것 같아.

① 첫 번째 질문은 앞에서와 같다.

② 두 번째 질문은 바로 role play 질문인데 기내 상황에 대해 기초지식이 있어야 답을 할 수 있는 난이도가 높은 질문이다. 기내식에 대해 불만을 가진 승객에 대해서는 일단 회사를 대신해서 사과하고 대체할 수 있는 다른 메뉴를 권하는 것이 좋다. 더 나아가 어떤 점이 불만인지 구체적으로 알고, 그것을 개선하는 것이 우선인데, 예를 들면 한국식 기내 메뉴가 비빔밥이라 너무 질린다고 한다면 한국식 메뉴를 불고기 덮밥이나, 김치 볶음밥 같은 것을 만들자고 기내식 관련 부서(catering 케이터링)에 제안하겠다고 한다. 즉, 구체적 예를 들어 답변을 하면 좋다.

③ 승무원이 꼭 되어야 하는 이유는 바로 Chapter 3 승무원 지원동기를 의미한다. 관련 예문을 참고한다.

✈ 장안대 면접후기 : 자기소개와 특기 위주라고?

민경이의 면접 다이어리

안녕? 내 이름은 윤민경이야~ 우리집이 장안대 근처라서 항공서비스학과를 준비하면서 당연히 장안대 가야겠다고 평소에 생각을 해왔어.

나는 1조 2번째조인데, 수험번호순이라 엄청 빨리 했어.

버스를 타고 가는데... 이렇게 차 막힐 줄 모르고 늦장 부리다가

조금 늦어서 막 뛰어갔는데 아직 시작을 안해서 다행이었어.

꼭 면접은 여유 있게 가라고 말해주고 싶어.

최소 30분 이상 일찍 가서 기다리는 게 좋을 것 같아.

대기하다가 이름불려서 나가구 윗층에 올라가서 인사연습 2번을 했어

근데 그때 면접관은 아닌데 교수님처럼 보이시는 분들이 신분증 확인하면서 우리에게

"전문적으로 배운 것 같네~ 다들 잘 하네." 이러셨어.

신분증 확인하구 면접장에 들어갔어.

들어가기 전부터 미친듯이 막 웃었어 ㅠㅠ;

난 가운데 서고 내 옆엔 나와 같은 고등학교 같은 동아리 친구가 (같은 고등학교 스터디 멤버였어 ㅋㅋ) 섰어, 같은 시간에 지원해서 그런지 수험번호가 바로 뒤였어.

친구가 옆에 서서 면접을 보니까 평소 연습하는 것 같은 느낌을 받아서 다행히 별로 떨리지 않았어.

문 열고 딱 들어가서 걸어가는데

교수님들 마우스로 딸깍딸깍딸깍딸깍 ······무엇가를 클릭하는 소리가 들렸어.

그 소리를 들자 나도 모르게 긴장하기 시작했어.

들어가자마자 인사하구 한 명씩 자기소개를 하라고 첫 번째에 앉아 계신 교수님이 이야기 하셨어. 첫 번째 지원자는 영어로 자기소개를 하고, 두 번째 지원자는 한국어 자기소개를 하고, 나와 내 친구는 중국어로 자기소개를 했어.

자기소개 하는데

가운데 계신 교수님이 웃으면서 고개 흔들어주시고.. ㅎ_ㅎ 그래서 덜 긴장할 수

있어서 좋았어.

　장안대 교수님들은 다른 학교와 달리 면접 때 다 웃어 주시고, 잘 들어 주시는 것 같아서 덜 긴장되었던 것 같아.

　그리고 개별질문을 지원자 한 사람씩 주셨는데,

　자기가 말한 자기소개에 맞춰서 질문을 해주셨어.

　나같은 경우는

　"중국어 어디서 배웠나요?" 그리고 "얼마나 배웠나요?, 자격증있나요?, 중국어로 말한 거 한국어로 무슨 말인지 말해보세요."라고 하셨어.

　마지막에 나가기 전에 가운데 계신 여자 교수님이 나한테만;

　키, 몸무게 물어보시구.......(내가 조금 말라서 물어보신 것 같아요.)

　내 옆옆에 서있던 지원자는 특기가 일본어라 하자,

　일본어 자기소개 시켰어.

　첫 번째 분은 영어로 자기소개 하니까 영어로 질문하시구.......

　나는 다른 지원자가 대답할 때도 계속 내 앞에 있는 교수분하고 아이컨택 하려고 계~속 쳐다보고 눈을 마주치면서 미소를 지었어.

　그리고 왼쪽에서 두 번째 여자 교수분이 계속 다리를 쳐다보고 계셔서, 그 시선 느껴서 완전 바로 다리 계속 붙이고 있었어.

　우리 조는 완전 오전조라 시간이 여유가 있어서인지 교수님들이 질문을 많이 해 주셨던 것 같아.

　장안대처럼 선착순으로 면접보는 곳은 되도록이면 빨리 하는게 좋을 것 같아. ㅎㅎㅎ

Key point

① 장안대는 기본적인 질문인 자기소개를 위주로 질문을 많이 한다.

② 외국어를 잘하는 지원자를 선호하는 편이라 영어가 아니더라도 본인이 가장 자신 있는 외국어로 자기소개를 준비해 가는 것이 좋다.

③ 자기소개와 연관하여 지원자 각자에게 꼬리 질문을 하므로, 자기소개 내용에서 꼬리 질문 받을 만한 내용의 답변을 준비해 가는 것이 중요하다. 중국어 자기소개 한 위 지원자에게 중국어 어디서 배웠냐? 얼마나 배웠냐? 라고 묻는 것을 예로 보면 받게 될 꼬리 질문을 충분히 예상할 수 있다.

✈ 수원과학대 면접후기 : 고등학교 시절은 어땠나?

민지의 면접 다이어리

안녕? 난 수원여고에 재학 중인 서민지이야.
우리 학교에 수원과학대 가신 선배 언니가 많아서 수과대를 알게 되었어.
생각했었던 것보다 수과대 건물 너무 좋더라구~
면접 보러 갔는데 언니들도 너무너무 친절하게 해주셔서 긴장이 좀 풀렸던 거 같아
글구 딱 들어가니까 면접관 3분이랑 그리고 카메라 찍는 한 분 계셨어.
한 조에 6명이 들어가야 하는데 우리 조는 결시 1명이라서 5명 들어갔어.
처음에는 공통질문 2개 하셨어

"가장 좋아하는 과목은 무엇입니까?"와
"수과대 항공관광과에 대해 아는 것 말해보세요."였어.

첫 번째 질문은 영어를 가장 좋아한다고 대답을 했어. 실제로 영어를 제일 좋아
하고 평소에 미드도 즐겨보기 때문에 솔직하게 답하는 것이 좋다고 생각해서 그대로
답을 했어.
다른 지원자들 중 한 친구는 "세계사 과목을 제일 재미있게 공부한 것 같습니다.
각 나라의 문화와 역사를 배우는 것이 흥미롭고 관심이 갔습니다. 그래서인지 세계
를 여행하는 승무원이라는 직업에 매료되어 장안대 항공서비스학과를 지원하게 되
었습니다."라고 말을 했는데 정말 나라도 그 학생을 뽑고 싶은 생각이 들더라니까.
다음에는 좀 더 면접준비를 많이 해서 가야겠다는 생각을 하면서 나왔어.

Key point

① 고등학교 때 가장 좋아하는 과목이라는 질문에 대한 답은 고등학교 때 배우는 과
목 중 승무원과 가장 연과성 있을 수 있는 과목을 생각해 보면 답을 쉽게 찾을 수 있
다. 예를 들면 외국어 실력과 연관지을 수 있게 영어, 제2외국어(일어, 중국어) 과
목을 좋아한다고 하고 좋아하게 된 이유와 자신만의 외국어 공부 방법, 얼마 동안
공부했는지에 대해 미리 꼬리 질문에 대한 답변으로 준비해 놓아야 한다.
② 수과대 항공관광과에 대해 아는 것을 이야기하라는 질문은 Chapter 3에 학교 지원동기에 예문 답
변이 있으므로 참고하면 된다.

희정이의 면접 다이어리

안녕? 내이름은 서희정이야. 난 수원과학대 면접을 보러 가서 정말 놀랬어.
선배 언니들이 완전 얼짱에, s라인 몸매 소유자 분들만 계시더라구.
그래서 더욱 이 학교에 오고 싶다는 생각도 들었어.

첫 번째 질문은 나한테는 "자신이 다니고 있는 고등학교를 소개해 보세요."라고 했어.
마침 준비 안했던 질문이 나오더군요 .... 기출문제에서 봤었는데, 설마
고등학교를 소개하라 하겠어? 생각만 하고, 별로 소개할 것도 없구 해서 준비 안했
는데..

그래서 생각나는 대로 "급식실이 정말 큽니다. 음식도 맛있어서, 때때로 엄마가
해주시는 것보다 더 맛있다는 생각도 듭니다."라고 했더니 면접관 모두 빵 터지신
거야. 어떻해?

그래도 웃었으니까 긍정적 신호라고 생각했어.

그랬더니 두 번째 질문에서 나한테는.
"좋아하는 음식이 뭐에요? "질문을 하시는 거야. 그래서
"돈가스 입니다!!!!!!!!!!!" 라고 했더니....... 웃으시면서 질문하신 교수님이
"그럼 집에서 자주 튀겨먹겠네요^^?"
라고 하시길래
"엄마가 돈가스를 잘 튀겨주지 않아서 주로 밖에서 사먹습니다!"라고 말했어.
그랬더니, 교수님들이 또 웃으셨어.
그리고 다른 지원자들에게는

"대학가면 뭐하고 싶나요?"
"후회하거나 잘 했다고 생각하는 일은 무엇이 있나요?"라며 어려운 질문을 하더라고
너무 떨려서 그 친구들 답변하는 거는 잘 못 듣고, 미소를 지으면 서 있다가 나왔어.

Key point

① 고등학교를 소개하라는 질문에 대한 답은, 고등학교 자체를 소개하기보다는 고등학교의 '축제가 자랑거리이다.'라고 구체적 예를 제시하고, 본인이 학교 축제에 어떤 역할로 참여했었는지도 같이 이야기를 꺼내서 자신을 강점을 간접 PR하는 것도 좋다.

② 좋아하는 음식은 가급적 엄마가 평소에 가장 잘해주시는 음식을 답변으로 하여, '엄마의 사랑을 느낄 수 있는 맛이다.' 또는 '오늘 아침에도 엄마가 그 음식을 해 주셔서 맛있게 먹고 왔다.'라고 하면 감정의 호소가 느껴질 수 있다.

③ 대학가면 뭐하고 싶냐? 라는 질문에 대한 답은 어떤 답이든 자신의 생각이 담겨 있으면 다 좋으나, 왜 그것을 하고 싶은지에 대한 명확한 이유를 설명할 수 있어야 한다. 예를 들어, 대학에 입학하면 방학 때 외국여행을 가고 싶다 라고 한다면 외국여행을 통해 얻을 수 있는 좋은 경험의 예를 들어 준다든지, 동아리 활동에 참여하고 싶다면 동아리를 통해 경험할 수 있는 것은 무엇인지 구체적으로 설명 해야 한다.

④ 후회하거나 잘했다고 생각한 일이 무엇이냐? 라는 질문은 후회한 일은 너무 심각한 주제보다는 하지 못했기 때문에 아쉬웠던 일들을 답변의 소재로 삼는 것이 좋다. 잘 했다고 생각한 일은 봉사활동이나 경시대회에서 수상한 경력처럼 자신의 강점이 될 수 있는 것을 답변으로 하는 것이 좋다.

✈ **한국관광대 면접후기 : 너가 한광대를 아니?**

수아의 면접 다이어리

　난 임수아야, 한국관광대가 항공실습실이 잘 되어 있다는 친구언니의 이야기를 듣고 지원하게 되었어.

　오후조라 4시 면접을 봤어.

　대기실에서 기다리다가 이름이 호명되면 앞으로 나가서

　그 학교에서 재학생처럼 보이는 언니들을 따라 가서 수험표랑 신분증 확인하고 명찰달구 다시 대기실로 와서 기다리는 것이었어.

　그리구 또 호명되면 그때는 면접을 보러 들어가는 거더라고,

　들어가니까 면접관 3분이 앉아 계셨구..

　질문은 다 공통질문으로

　1. "면접 끝나고 뭐할 건가요?"

　2. "고등학교 재학생은 교복입고 오라고 했는데 왜 정장입고 왔나요?"

　3. "승무원은 ○○ 이다. 한 줄씩만 말해보세요"

　면접 끝나고 뭐할 건가요? 라는 질문에는 "면접장에서 기다리고 계신 엄마와 함께 치킨을 먹으러 가려고 합니다. 엄마와 제가 가장 좋아하는 음식이 치킨이기 때문입니다."라고 간단명료하게 답을 잘 했어.

　두 번째 질문에 대한 답은 사실 난 교복을 입고 갔기 때문에 대답할게 없어서 "전 교복을 입고 왔습니다."라고 하자 면접관들이 모두를 웃으셔서 분위기가 좋아졌어.

　마지막 질문에서는 머릿속이 하얘져서 "승무원은 하늘이다. 왜냐하면 하늘에서 일하기 때문입니다."라고 했어. 너무 생각없이 말한 거 같아 걱정이 되었어.

　그리고 다른 조는 영어지문읽기를 시켰다고 하는데. 우리 조는 시키지 않고 끝나서 참 다행이라고 생각했어.

　하지만 한광대 면접 갈 친구들은 영어지문읽기를 미리 준비해 가는 것이 좋을 것 같아.

Key point

① 면접 끝나고 뭐할 건가요? 마치 미스코리아 선발대회 최종1, 2등 남겨두고 하는 질문 같다. 이런 질문을 하는 이유는 평소에 어떤 생활을 하는 사람인지를 알기 위해 우회적으로 질문을 하는 것이다.

마치 지난 주말에 무엇을 하셨습니까? 라는 답변을 준비할 때와 크게 다르지 않다.

즉, '면접을 끝내고 평소 하듯이 친구를 만나, 가장 자주 가는 **카페에 가서 가장 좋아하는 초콜릿 케이크와 커피 한 잔을 마시려고 합니다. 오늘 면접을 보면서 긴장했던 마음을 따뜻하고 달콤한 맛있는 디저트로 녹이고 싶습니다.'라고만 해도 면접관들은 만족해 한다. '면접 끝나서 집에 가야죠.' 또는 '면접 끝나고 친구들 만나려고요.'라는 뻔한 답도 차별화되고 기억에 남는 답으로 바꿀 수 있다.

② 고등학교 재학생은 교복입고 오라고 했는데 왜 정장 입고 왔나요? 라는 질문은 압박 질문이다. 지원자들을 당황하게 해서 답을 잘하는지를 평가하려고 하므로 답변의 내용은 크게 중요하지 않다.

차분한 자세로 "학생신분으로서 교복이 가장 잘 어울리고 예쁜 모습인건 잘 알고 있습니다. 하지만 면접은 공식적인 자리이므로 정장을 입고 오는 것도 괜찮다고 생각했습니다. TPO에 맞게 옷을 입으라는 이야기를 제가 존경하는 영어 선생님이 말씀해주셨는데, 오늘 면접장소와 상황에 정장이 잘 어울린다고 생각합니다."라고 답을 한다면 더 이상의 압박 질문은 없을 것이다.

③ '승무원은 **이다'라는 것에 대해 한 줄씩 말하기는 생각보다 순발력과 창의력이 많이 요구되는 어려운 질문이다. 평소 이상적인 승무원상이나 승무원을 보면서 느꼈던 점들을 이야기하는 것이 좋다.

새롬이의 면접 다이어리

안녕? 내 이름은 이 새롬이야.

녹산역 3번 출구로 나가니까 한광대 셔틀버스가 기다리구 있어서 타고 갔어.

대기실에서 10분 정도 기다리니 신분증이랑 수험표 가지고 나오라구 해서

가니, 가수험번호를 주더라고.

근데 그거 주시는 분이 우리 고등학교 선배님이셨어! 완전 반가워서 인사를 했어.

수험번호 받고 왼쪽에 차고 학교에 관한 설문지를 작성했어

그리고 조별로 사진을 찍구 인사를 가르쳐 주시는데...

완전 이상했다.

들어가서 안녕하십니까는 안하구,

마지막에 1번 분이 차렷 인사 하시면 고맙습니다 라구 말함과 동시에 인사를 하

고 나오라고 하더라고.

전 항상 감사합니다 라는 인사만 해왔기 때문에 혹시나 틀릴까봐 속으로 계속

고맙습니다 고맙습니다 하구 있었어.

면접장에 들어가서 서자마자 면접관들이 질문을 했어.

질문은 공통질문으로

1. "특기나 잘 하는거 뭐 있나요?"

2. "남자친구 사귀어 본 적 있나요?" "없으면 이상형이 어떤 사람이죠?"

그리고 나서는 개별질문 했는데,

나한테는

"한광대 어떻게 알고 왔어요?"

그래서 "면접대기실에서 사실 고등학교 선배언니를 만났습니다. 저희 고등학교

에는 한광대 항공서비스학과 입학한 선배언니들이 몇 명 있습니다. 그 언니들이

학교홍보 강의를 왔었는데 그때 알게 되었습니다."라고 대답했어.

생각보다 한국관광대가 유명하지 않다고 교수님들이 생각하시는지 학생들한테

한광대에 대해 잘 아는지를 계속 물어 보셨던 게 제일 기억에 남네

꼭 이 학교 홈피 미리 보구, 학교에 대해 자세하게 공부해 가면 참 좋을 것 같아.

Key point

① 특기나 잘하는 것 있나요? 라는 질문에 대해 답을 할 때는 노래나 춤처럼 바로 보여줄 수 있는 것은 미리 준비해 오지 않는 이상 답으로 적합하지 않고, 보여줄 수 없지만 말로 설명할 수 있는 쿠키만들기, 요리, 컵케이크 만들기 같은 것이 좋다. 물론 실제로 만들어 본 적이 있고, 자신만의 레시피 정도는 생각해 놔야 한다. 언제 꼬리 질문이 따라 올지 모르기 때문이다.

② 남자친구와 이상형에 대한 질문에 대한 답을 남자친구는 사귄 것에 대한 유무는 크게 상관없고, 이상형에 대해 말할 때 구체적으로 미래에 나의 직업인 승무원에 대해 이해해 줄 수 있는 사람, 꽃을 좋아하는 나에게 기념일마다 꽃을 선물하는 남자, 먹는 거 좋아하는 나와 같이 맛집을 찾아 다녀줄 수 있는 남자 등 같이 구체적으로 이상형을 재미있게 말하자.

③ 한광대 홈페이지 봤나?는 학교에 대한 관심도를 체크하기 위함이다. 이것은 당연히 면접보러 가기 전날 확인해야 하며, 이 학교에 대해 기억에 남는 것 한 가지 정도 생각해가자.

✈ **한서대 면접후기 : 내 생각을 묻는 질문들만?**

수미의 면접 다이어리

안녕? 난 이수미야. 난 지방에 거주해서 농어촌 특별 전형 자격요건이 되서 이곳에서 면접을 보게 되었어. 근데 사실 일반전형이랑 면접이 다른 거는 하나도 없다고 하더라구,..

8시 40분 조금 넘어서 어느 조교 같으신 분이 면접질의서라고 10분 안으로 3가지 질문 중 2개 딱 2개만 답을 쓰라 하셔서

난 2번과 3번 질문에 썼어. (+신장쓰는 칸도 있었음!)

1. 졸업 후 진로계획(정확히 기억이 안나요 ㅠ)

2. 자신이 지닌 장점이나 특기를 계발하게 된 계기, 그 장점이나 특기를 어떻게 발전시켜왔나

3. 지원학과에 흥미와 열정을 갖고 있다는 점을 교내·외 활동으로 설명하라였어

면접은 5:5로 보는데 거리가 상당히 가까웠어.

면접장에 들어가서 받은 질문은

첫 번째 질문은 "자신이 지닌 장점이나 특기를 계발하게 된 계기, 그 장점이나 특기를 어떻게 발전시켜왔나요?"로 아까 작성한 질의서 문제로 받았어.

그래서 아까 작성했던 내용 중 생각나는 대로 "저의 장점은 사람들과 말하는 것을 좋아하고, 새로운 사람을 만나는 것을 좋아한다는 것입니다. 그래서 학교 내에서 봉사동아리, 걸스카우트 같은 사람들을 많이 만날 수 있는 활동에 참여했었습니다."라고 대답했어.

두 번째 질문은

"인터넷의 역기능으로 어떤 것이 있나요?"

"인터넷의 역기능으로 어떤 것이 있나요?"

"인터넷의 역기능으로 어떤 것이 있나요?"

내가 깜짝 놀란 이유는 전공소양문제 중에 진짜 이거 하나만 정확히 답을 외워갔는데

'한서대가 내가 입학할 학교이구나.. 아 한서대 진짜 감사감사 면접관님 알라뷰 ♥ 이런 운명적인... !' 라고 생각하며 답을 하는데

근데 이게 웬걸... 버벅버벅 거리며 대답했어.

면접보기 전부터 떨고 있는 상태였고

그 와중에 딱 준비한 게 나오니깐 오히려 더 심장은 폭풍처럼 뛰고 내가 했던 버벅버벅 답변은 생각이 나질 않을 정도야.

힘이 쭉... 빠짐..

이렇게 바보같은 내게 앞에 계신 면접관님이 "괜찮아요"라며 " ^_^ "이렇게 웃으시니깐 오히려 더 죄송하고 막그랬어.

다음은 10시 40분 일반면접!!

여기서도 똑같이 질의서를 작성했어요. (문제는 위에 것과 동일) 아까 썼는지라 시간이 8분? 정도 남아서 여유를 즐겼지.

아까 그 농어촌 면접은 그냥 쿨하게 ...잊고.. ㅋㅋㅋ

일반면접에선 내가 1번이었어, 농어촌 면접 땐 3번이었으니 앞 지원자들 질문 들으면서 어느 정도 나올 문제들과

아닌 문제들을 예상하는데 이건 뭐 문도 열어야 하고 인사구호도 말해야 하고 복잡복잡 ㅠㅠ 오만가지 생각 다 들었어.

그런 부담감을 다 안고 똑똑똑 두드리고 들어갔어.

첫 번째 질문은 아까처럼 질의서에 나왔고, 똑같이 답을 했어.

그다음 두 번째 질문은 다행히

첫 번째 질문에 답한 답변을 가지고 꼬리질문을 하셨어.

내가 한 답변이 경험을 바탕으로 한 말이여서 생각보다 수월히 두 번째 질문에 답했어.

Key point

① 졸업 후 진로 계획은 대학 입학 후 어떻게 학업을 할지에 대한 학업계획서를 간단히 적는다고 생각하면 됩니다.

② 인터넷의 역기능이 어떤 것이 있나요? 라는 상식을 알아보는 질문에 대한 답을 할 때는 정말 누구나 다 알고 있는 인터넷의 기능적인 면만을 말하기보다는 인터넷이 발달함에 따른 긍정적 부분과 부정적 부분을 나누어 말하고, 부정적 부분을 보완하기 위한 대안을 간단하게 제안하는 형식으로 본인만의 독창적인 아이디어를 말하는 것이 좋다. 누구나 쉽게 답을 할 수 있는 상식적인 질문일수록 틀에 박힌 답보다는 남들과 다른 생각을 표현하는 것이 면접관의 시선을 사로잡을 수 있다.

태희의 면접 다이어리

안녕? 내 이름은 김태희야

4년제 항공서비스학과를 꼭 가고 싶어서 한서대 면접을 준비했었는데

친구들 얘기 들으니까 한서대가 면접이 어렵다고 하더라고...

5번이라서 맨 마지막이라 그나마 안심했어.

첫 번째 질문은 "멘토가 누구인가요?"였어.

그 질문을 준비 못했거든 그래서 솔직하게

"아 죄송한데 내가 그 질문을 준비 못해서요."라고 말하니까

그럼 다른 질문 하겠다고 하시더니 "존경하는 인물은요?"

그거나 그거나 솔직히 묻는 말은 똑같잖아.

근데 여기서 대답을 또 못하면 완전 끝이겠구나 싶어서

제가 감명깊게 읽은 책의 저자 한비야씨의 책에 대한 이야기로

급조해서

"제가 존경하는 사람은 한비야씨 입니다."라고 말하고

책 준비하면서 했던 것과 생각나는 거하고 막 짜집기 또 들어갔어.

또 머릿속은 난리인데

오히려 당황해서 그런지 목소리도 안떨리고 잘 말했나 생각해 ㅋㅋ

근데 내 뒤로 같은 질문 받은 지원자들 3명이 한비야씨를 답으로 하는 거

야 ....

그냥 망했다 싶어서 계속 웃고 있었어,,

그리고 공통질문은 "한서대를 왜 지원하셨습니까?" 하나씩 하고 면접이 생각

보다 빨리 끝났어.

Key point

멘토가 누군지 묻는 질문 자체가 본인이 닮고 싶은 인물, 존경하는 사람을 의미한다. 존경하는 사람에 대한 답을 할 때는 이름만 대면 알 만한 유명인으로 하는 것이 좋다. 왜냐하면 면접관과의 공감대를 쉽게 형성할 수 있고, 장황한 설명을 하지 않아도 그 유명한 사람의 대외적인 업적만 한두 개 밝혀서 이야기가 쉽게 풀리기 때문이다. 간혹 존경하는 인물을 부모님이나, 학교 담임선생님이라고 하는 경우가 있는데 이것은 가장 피해야 할 답이다. 부모님은 너무나 당연하게 사랑하고 가족이라는 의미가 있고, 담임선생님은 현재 가장 멘토가 되기에 좋은 분이지만 그 이유를 면접관에게 설명하기가 오히려 쉽지 않다.

✈ 극동대 면접후기 : 영어 질문을?

한나의 면접 다이어리

안녕? 내 이름은 김한나야.

난 엄마랑 안양역에서 여덟시 고속버스를 타구 갔어.

쪽머리에 옷은 대부분 항공서비스학과 면접에 입는 흰색 블라우스에 정장치마입고 갔어.

여기에다 트렌치코트 하나 입었더니 춥더라고.

면접갈 때는 꼭 든든하게 입고 가야겠어. 그렇다고 스타킹을 검은색 두꺼운 거 신고 가면 안된다. 꼭 살 비치는 투명한 스타킹 신고 가야 한다고 선배언니가 얘기 해줬던 것이 기억나더라.

학교 도착해보니 너무 깨끗하구 예쁘더라고.

항공운항서비스학과 언니 오빠들이 여기저기 돌아다니시면서 친절하게 안내해 주셨어~

나는 인스타에서 본 극동대 재학생 언니도 여기서 실제로 보게 돼서 완전 혼자 신기해 하구 있었어.

도착한 시간이 아홉시 반 정도였는데용

대기실에 준비되어 있는 과자랑 음료 마시고 이것저것 준비하구.

인사 연습하고 나니 벌써 11시였어.

그때 호명하는 순서대로 가서 접수하고 면접실에 들어갔어.

면접순서는 접수실 가서 신분증이랑 수험표 확인받구 옆 칸에서 자기이름에 사인하구 앉아서 대기하면 알려준다.

자기조 이름 불리면 한 줄로 서서 연습실 같은 데 가서 학교 재학생 언니가 해주시는 설명 듣구 인사연습하구 면접장 문 앞으로 이동한다.

면접장에 들어가면 책상 위에 질문지 뽑는 게 있어.

거기 종류가 전공이랑 교양 두 가지로 분류되었는데 그중에서 원하는 거 하나씩 뽑아서 교수님들 보고 서서 인사한 다음 외국어 자기소개나 안 되면 한국어로 하라고 하셨다.

그 다음 뽑은 질문지 읽고 답하고 그 다음 개별질문 간단한 거 해주시더라고

내가 뽑은 질문은 전공에서 나온건데 "승무원에게 꼭 필요한 자질은 무엇이라고 생각하십니까?"였어. 사실 이 질문은 평소에도 많이 생각해왔던 거라 대답할 때 부담이 덜 되었어.

"저는 국제적 감각이 승무원에게 꼭 필요하다고 생각합니다. 직업의 특성 때문에 외국에 가는 일도 많고, 외국승객도 만나게 되기 때문입니다. 그리고 국제적 감각을 키우기 위해서는 영어공부도 열심히 해야 한다고 생각해서 면접 준비를 하면서도 저는 영어 공부를 꾸준히 하고 있습니다."라고 답을 하니 면접관들이 미소지어 주셨어.

난 개인적으로 극동대 좋은거 같더라. 부실대학교니 뭐니 말들 많은데 솔직히 영향 그렇게 크지 않은 것 같아.

① 역시 단골 질문이 자기소개이다. 극동대 면접에서는 영어 자기소개를 이례적으로 하기도 한다. Chapter 4에서 self-intro하는 방법을 참고하여 답변을 준비해간다.

② 전공질문은 당연히 승무원 직업과 연관된 질문이다. 직업의 특성을 이해하고 평소에 이 직업과 연관한 신문기사를 읽어 보거나, 관심을 갖는 것이 좋다. 면접자는 승무원에게 꼭 필요한 자질을 잘 설명하였다.

혜미의 면접 다이어리

안녕? 내이름은 김혜미야. 난 극동대가 좋다는 이야기를 카페나, 블로그를 통해 많이 들었기에 이 학교를 지원하게 되었어.

선착순 면접이라 들어가자마자 접수하고, 대기실에서 기다리다가

신체검사실 들어가서 키, 몸무게, 시력 쟀어.

다음에 미소나 워킹, 인사 가르쳐주는 교육실에 들어가서,

재학생 언니 오빠들이 간단히 면접 팁 같은 거 가르쳐주고 5명씩 면접보러 들어갔어.

들어가자마자 영어로 자기소개하는 것은 공통질문으로 지원자 모두에게 해 보라고 했어.

그다음 전공 질문 받고,

개별질문으로는 "어디서 왔나요?" 그리고 "무엇을 타고 왔나요?"

"아침 먹고 왔나요?" 등 쉬운 질문으로 연달아서 받았어.

근데 면접 보는 도중에 면접관님들께서 되게 머리부터 발끝까지 세심하게 쳐다보는 느낌이 들어서 다리 힘 주고 딱 붙이느라 되게 힘들었던 기억만 나네. 전체적인 비율을 제일 중요시 하는 것 같았어.

키가 크고 작은 걸 떠나서! ㅎㅎ키 작은 편인 분들 절망하지 말아.

나도 그렇게 큰 키는 아니라서..

면접관들이 키보구 학생들을 뽑고 그러지는 않는다고 그 학교 선배님들이 이야기해 주시더라고... 안심했어.

Key point

① 첫 번째 질문은 역시나 영어 자기소개였다.

② 어디서 왔느냐?와 무엇을 타고 왔는지?와 아침 먹었는지? 바로 이런 질문은 small talk라고 부른다. small talk란 영어단어 뜻대로 소재가 작은, 즉 간단한 주제로 된 일상적인 질문을 하는 것을 말한다. 이런 간단한 주제에 대한 질문의 답은 오히려 생각해 두지 않거나 아니면 할 말이 없어서 당황했다고 하는 경우가 종종 있다. Small talk 일수록 재미있게 답하는 센스를 발휘해야 한다. 어디서 왔느냐?라고 했을 때 '호수공원이 가장 아름다운 도시 일산에서 왔습니다.'라든지 무엇을 타고 왔느냐? 했을 때 '가장 안전하고 빠른 버스전용차선으로 고속버스를 타고 왔습니다.' 그리고 아침 먹었어? 라고 할 때는 '엄마가 해주신 세상에서 가장 맛있는 김치찌개를 먹고 왔습니다. 특히 참치가 들어 있는 김치찌개라 더 맛있었습니다.'라고 조금이나마 차별화된 답을 하자.

✈ 광주여대 면접후기 : 외운 답변 안돼?

지연이의 면접 다이어리

안녕? 난 이지연이야. 전라권에서는 광주여대를 굉장히 좋게 평가하기 때문에 난 망설임 없이 지원을 했어. 난 다른 지역에 살아서 오후 면접을 보러갔어.

그리고 5층이 면접장이라서 헉헉 거리며 올라갔지.

광주여대는 오전 오후 면접을 나눠서 하더라구.

첨에 과 설명듣고 영어필기시험쳤어용.. 정말 기본문법문제여서 무난하게 봤던거 같아.

A조에서 8조였구요..

근데.... 너무너무 오랜 대기시간에 지쳤어. ㅠㅡㅠ

그래두 광주여대 너무너무 좋았구요.. 이름 불러서 앞에 나가서 언니들께서 인사연습시켜 주시는데..

너무너무 친절하셨어. 〈

딱 들어가서 ㄷ자로 걸어 들어가서 바로 인사하고 착석!

글구 영어지문 읽고 해석하는거 시키셨어.

쉬운 문장이었는데.. 긴장해서인지 너무 더듬더듬거렸다는

그리고 한 명씩 자기소개하고 개인질문하고 이런 식이었어.

자기소개 숨쉴 타이밍이었는데.. 끝난 줄 알았는데 질문하시길래 그냥 질문에 답했어.

1. 목소리가 예쁜데 자기소개 연습 어떻게 했는가

2. 화장 혼자 했는가

3. 어떻게 여기까지 왔는가

4. 승무원으로써 갖추어야 할 덕목

무난하게 대답하다가 왜 4번 질문에서 말이 막혔는지 모르겠어요.

그래서 막 더듬거리니까 면접관님께서 "외운 답변하려 하지 마시고 솔직하게 말해주세요."

이러시더라구요.

그러고 나의 면접은 끝났어.

① 목소리가 예쁜데 자기소개 연습을 어떻게 했느냐? 라고 질문하면 대부분 '네,, 열심히 연습했습니다.'라고 하겠죠? 자기소개 연습을 어떻게 했느냐? 라고 했을 때 '친구들과 스터디를 하면서 연습했습니다.'라는 답도 괜찮지만 좀 더 준비한 모습이 드러나도록 답을 준비하자. "우선 제자신이 어떤 사람인지 많은 시간 고민하고 생각해서 자기소개서를 작성하고, 그것을 토대로 연습을 하였습니다. 처음에는 면접을 위해 이런 연습을 하는 것이 처음이라 어색하고 힘든 점도 있었지만, 여러 번 하다 보니 자신감이 생겼습니다. 여러 번 연습 후 저의 모습을 동영상을 찍어 보니 재미있고, 고칠 점도 발견하게 되었습니다. 그래서 지금 자신 있게 면접관님께 제 자신을 소개할 수 있게 되어 기쁩니다."

② 화장 혼자 했는가? 라는 질문에 솔직히 말하는 것이 더 좋다. 만약 뷰티샵에서 메이크업을 받고 갔다면, "완벽한 화장을 하지 못하는 것이 당연하기 때문에 전문가의 도움을 받았습니다. 하지만 항공서비스학과에 입학한다면 대학생활 동안 화장을 선배들한테 배워서 승무원으로서의 자태를 갖추도록 노력하겠습니다."라고 한다면 면접관들도 오히려 좋게 평가한다. 본인이 메이크업을 하지 않은 것이 티가 나는데 혼자 했다고 거짓말을 하면 면접관들이 실망할 것이다.

③ 승무원으로서 갖추어야 할 덕목은? 질문은 객관적인 기준을 묻는 것이 아니라 주관적인 생각을 묻는 것이다. 즉, 승무원이 되기 위한 사람이 갖춰야 할 가장 중요한 것이 무엇인지 평소에 생각해 놓았던 것을 말하자. "승무원이 되기 위해서는 자신의 직업을 사랑하는 마음이 가장 우선시 되어야 된다고 생각합니다. 불규칙한 근무시간과 비행기 안이라는 특수한 환경에서 일해야 하기 때문에 다른 직업보다도 훨씬 어렵고 도전되는 일이 많을 수 있습니다. 그렇기 때문에 이직률도 높다고 들었습니다. 자신의 직업에 대한 열정과 애정이 있다면 이런 것들을 극복할 수 있다고 생각합니다."

5. 항공서비스학과 합격생의 명예의 전당

항공서비스학과에 입학한 합격생들에게는 분명히 배워야 할 점이 있다는 생각이 든다. 그들은 어떻게 해서 합격한 것일까? 아마도 항공서비스학과 면접을 준비하는 학생들은 어떤 부분을 준비해야 합격할 수 있는 것인지를 가장 궁금해 할 것이다. 합격한 학생들의 이야기를 통해, 면접을 준비하는 학생들에게 많은 도움이 될 수 있을 것이라고 생각된다. 다음은 합격생들의 수기를 바탕으로 각색하였다.

> 인터뷰는 다음카페 '전현차'의 출처:
> http://cafe.daum.net/cabincrew의
> 실제 합격 수기를 바탕으로
> 각색된 것임.

항공서비스 관련학과를 준비하는 예비승무원 여러분 안녕하세요?
저는 Airline 방송국 리포터 'Lisa'입니다.
지금 '항공서비스학과'를 합격한 학생들만이 참가할 수 있다는
Air-crew party 현장에 나와 있습니다. 파티장의 분위기는 정말 뜨겁습니다.
마치 당장이라도 모두 날아오를 기세네요.
아~ 저기 좀 보세요.
짝 빗어 올려 넘긴 쪽머리, 승무원의 상징이죠.
아~ 뽀샤시 메이크업
그리고 정확한 일자 걸음·······
정말 완벽한 예비승무원다운 그루밍입니다. ~~!!!!!!

각 학교 유니폼을 입고 당당하게 걸어서 입장하는 저 학생들 모습을 보세요
너무 아름답지 않나요?

자 그럼 한 번 합격비결이 무엇인지? 어떻게 면접을 준비했는지 인터뷰를 해 보도록 하겠습니다. 같이 가시죠? 레디 투 플라이?

인하공전 합격생 A양의 인터뷰

리포터: 안녕하세요? 저는 Airline 방송국의 리포터 Lisa입니다.

이번에 인하공전 항공운항과에 합격 하셨다는 소식 들었습니다.

우선 정말 축하드려요~ 그런데 수시에서 한 번에 합격하신건가요?

아님 정시까지 면접을 보신건가요?

A양: 감사합니다.

사실 저는 수시에서 인하공전 말고도 타 대학의 항공운항서비스 관련학과 면접까지 봤는데 올킬 당했었습니다. 수시에 인하공전, 수과대, 안과대, 장안대, 한서대 5군데 시험을 봤지만 합격자명단에 저는 없더라구요. ㅜ

그래서 정시에서 항공운항과 자체를 볼까 말까 망설일 정도의 생각을 하고 있었죠.

하지만 끝까지 포기하지 않고 최선을 다했는데 좋은 결과가 있어서 정말 눈물이 나네요.

정시 면접 보구 나서 컴퓨터 앞에서 합격 조회하는 꿈까지 여러 번 꿀 정도로 기다리는 동안 스트레스가 심했었어요. 드디어 발표. 컴퓨터 앞에서 합격조회를 하는데 인하공전에 합격이더라구요~~ 정말 이게 꿈이 아닌지 의심도 해보고 엄마한테는 또 떨어지면 죄송할것 같아서 방에서 혼자 조회하다가 합격사실 알고 같이 기뻐서 저도 모르게 소리 질러서 엄마가 방으로 막 들어오셔서 물어보셨어요. "무슨 일 있니?" 그래서 엄마한테 "엄마 나 인하공전 붙었어. 인하공전 항공운항과 붙었다고…" 엄마도 같이 너무 기뻐해 주시고… 너무 기뻐서 눈물이 나더라니까요…

리포터: 정말 기쁘셨겠네요? 그럼 면접 당일 날 생각나시겠어요.....

면접 당일날 상황이 어땠는지 얘기 좀 해 주시겠어요?

A양: 그럼요. 지금도 생생하게 기억이 납니다.

엄마와 아침 일찍 차를 타고 학교에 도착했죠. 수시 한 번 경험 있다고 긴장은 조금 덜 되더라구요. 하지만 사실 저는 인하는 봐도 떨어지겠지라는 생각을 가지고 있었거든요. 하지만 엄마께서 저보다 더 원하신 게 인하공전이라 시험은 봤어요.

드디어 면접

질문은 두 개 받았어요. 지원동기와 승무원이 되면 가장 가고 싶은 나라와 그 이유는?

지원동기는 연습한 대로 했고 수시 때와는 다르게 연습 많이 해서 막힘없이 대답 잘 하고 정말 흐트러지지 않은 모습 유지하려고 노력했어요.

정말 계속 웃으려고 노력했고 앞에 계신 교수님께서 다리 보시는 거 같아서 계속 붙이도록 노력했구 아이컨택도 열심히~!

그리고 가장 가고 싶은 나라에 대한 질문은 중학교 때 가족 여행 갔었던 호주, 시드니에 대해 얘기했어요.

기억이 남는다고 가족 여행을 다시 한 번 그곳으로 가고 싶고, 좋은 기억이 다시 새록새록 떠오른다고 말했던지 면접보신 교수님이 웃으시더라고요...

리포터: 정말 생생하게 기억하고 계시네요.

합격 다시 한 번 축하드리고요.

즐거운 파티 되세요~

동서울 대학, 항공여행 전공 합격생 B양의 인터뷰

리포터: 자, 그럼 앞서 파티장에 들어서는 인하공전 항공운항과 합격자의 명예의 전
당을 들어봤는데요. 저기 다음 합격자가 파티장에 들어오고 있습니다.
가서 인터뷰를 해보겠습니다.

리포터: 안녕하세요? 저는 Airline 방송국의 리터포 리사입니다.
아~이번에 동서울 대학교 관광정보학부에 항공여행서비스 전공으로 입학하
시게 되셨다면서요... 축하드립니다.

B양: 네 정말 감사합니다.

리포터: 사실 동서울 대학은 인하공전이나, 수원과학대에 비해 항공운항, 서비스 관
련학과로 아주 유명한 대학은 아니잖아요... 그래도 만족하시나요?

B양: 그럼요. 저는 오히려 인하공전을 갈 생각은 처음부터 안했고요.
인하공전 물론 좋지만, 하도 지원자가 몰린다고 하길래요...걱정 돼서요.
그래서 집에서 가까운 수과대나, 동서울 대학을 사실 생각했었거든요.
집이 분당인데 동서울 대학이 성남이라 통학하기도 좋고, 특히 항공여행 관련
한 것 말고도 다양하게 여러 가지로 배우는 것 같아요~
1학년 때는 호텔경영실무, 칵테일과 리큐어, 카지노와 크루즈경영, 메이크업,
항공예약실무, 토익 등등 배우구요~
2학년때는 항공객실서비스실무, 국제매너실무, 면접 및 실무영어 등등 배운답니다~
다양한 서비스를 많이 배우는 것 같아서 너무너무 좋은 것 같아요!! ㅎㅎㅎ
그리고 또 더 좋은 것은 이 학교는 남학생도 같이 선발해서 남학생들과 같이 공부한
다는 점이에요. 제가 여고를 나와서인지, 대학은 꼭 남녀 공학 가고 싶었거든요.
아무래도 항공운항, 서비스학과는 100% 여학생만 선발하는 데가 많아서요.
여러 가지 좋은 점이 많아서 전 아주 만족해요. 넘 기뻐요.

리포터: 이렇게 인터뷰 응해줘서 감사합니다. 좋은 시간 보내세요.

Chapter **3**

항공서비스학과
면접에 나오는
기출문제

 1. 개인신상 관련 질문

① **자기소개-나는 항공서비스학과 학생이다**

항공서비스학과 면접에서 나만의 경쟁력을 가질 수 있는 가장 첫걸음이 바로 차별화된 자기소개를 준비했느냐 못했느냐이다. 면접관을 만나게 되었을 때 용모 단정한 첫인상도 중요하지만, 자기소개를 하는 그 말 한마디 한마디를 통해 면접관의 평가를 받고, 그 평가를 통해 입시의 당락에 영향을 줄 수 있다.

그렇다면, 면접 시 자기소개에서 꼭 해야 할 말은 무엇일까?

이 세상의 모든 시험이 다 그렇듯이, 문제에는 반드시 출제자의 의도가 숨겨져 있고, 따라서 출제자의 의도만 꿰뚫는다면 문제는 저절로 풀리게 된다.

출제자의 의도를 무시하고 자기 마음대로 답안을 이야기한다면, 답안이 틀리지 않다고 할지라도 합격으로는 연결되지 않는 결과를 불러오고 만다.

'자기소개'라는 단어는 대단히 추상적이고 넓은 의미를 포함하는데, 가장 중요한 것은 자기소개에 꼭 포함되어야 하는 것이 2가지 있다는 것이다.

1. 자신이 왜 항공서비스학과에 입학하려고 하는지

2. 자신의 장점과 특성을 어필할 수 있는지 이다.

실전연습

면접관 : "자기소개를 짧게 해보
시겠습니까?"

☞ 여기서 말하는 짧게란 의미의 시간은
30~40초 사이이다.
즉, 자기소개는 길어도 60초를 넘지는
않는 것이 좋다.

지원자 A 예제:

"안녕하십니까? 저는 ○○ 대학교 항공서비스학과에 지원한
○○○ 입니다.
저는 현재 ○○ 고등학교에 재학 중이며, 취미는 수영과
스키입니다.
남다른 체력과 적극적인 성격 덕분에 활동적인 운동을 좋아하고,
봉사활동과 방송반 활동을 통해 다양한 사람들과 만나고,
도와주는 일에 즐거움을 느끼는 마음이 따뜻한 사람입니다.
또한 방학 때 서비스 관련한 아르바이트 경험을 통해 미래의
직업으로서 가장 전문적인 서비스인인 승무원을 생각하게
되었습니다. 승무원의 꿈을 펼치는 첫걸음을 유능한
교수님과 많은 현업에 진출해 계신 선배님들이 계신
○○ 대학에서 시작하고 싶습니다."

지원자 A 분석

- 간결하고 전통적인 방식이다.
- 자신의 학창시절 경험을 다 나열했다.
- 특정 대학에 입학하고자 하는 이유를
  명확히 밝혔다.

지원자 B 예제:

"'첫인상 5초의 법칙'이라고 들어 보셨나요?
첫인상은 5초 안에 바로 결정된다는 뜻입니다.
저의 주변친구나 담임선생님께서 항상 저에게 첫인상이
밝은 사람, 마치 승무원처럼 아름다운 미소를 가진 사람이라는
말을 하곤 합니다.
학교에서 반 친구들과 양로원에 봉사활동 갔을 때도 어른들은 저의
이름 "○○○" 만 부르며 도와 달라 하셨습니다. 또한 학교 축제 때
합창부 동아리 회장으로서의 경험은 다른 친구들에게 솔선수범 하는
모습을 보여주는 계기가 되었고, 팀원을 먼저 배려하는 사람으로
성장, 발전하였습니다.
저의 이런 적극적이고 협동심 있는 성격은 미래에 승무원
이라는 직업에 적합하다고 생각하고, 저의 꿈인 승무원을
위해 ○○ 대학교 항공서비스학과에 입학하여 준비하고,
노력하는 ○○○ 이 되겠습니다."

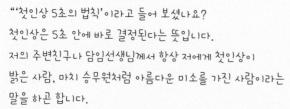

지원자 B 분석

- 기억에 남는 PR 문구로 시작했다.
- 자신의 장점을 최대한 어필했다.
- 학창시절 경험을 보여 주었다.
- 자신의 이름을 경험 안에 넣어 인식
  시켰다.

지원자 C 예제:

"안녕하십니까? 저의 이름은 ○○○ 입니다. 저는 자신을
제가 가장 좋아하는 음료 '카라멜 마끼야또'에 비유하고
싶습니다. 카라멜 마끼야또 한 모금 마셨을 때 맛처럼 달콤하고
기분좋은 성격과, 이 음료의 온도처럼 뜨거운 열정의 마음을
가진 사람이기 때문입니다. 새로운 사람들을 만났을 때, 누군가를
도와 줄 때 저는 제 자신에게 바로 이런 점들을 더욱 쉽게 느끼게
됩니다. 아프리카 난민 돕기 캠페인에 참가했을 때, 동아리에서
고아원 봉사활동을 나갔을 때 저 스스로도 모르는 사이에 그들에
어려움에 아파하고, 도와 주려고 최선을 다하는 저 자신을
발견하게 되었을 때 너무 놀라웠었습니다. 이 두 가지 강점들의
조화는 저를 더욱 빛나게 만드는 것 같습니다."

지원자 C 분석

- 자신을 특정한 사물에 비유하는 설명을 했다.
- 그 사물의 특성을 자신의 장점과 잘 연관시켰다.
- 자신의 경험의 구체적 내용도 언급해 주었다.

자기소개를 하는 방법의 예제를 다른 세 가지를 위에서 보여 주었다.

지원자 A의 예제는 모든 학생들이 활용할 수 있는 기본적인 답변방법이다.
기본은 항상 강조하지 않을 수 없다.
인사 그리고 자신의 이름을 밝히고, 지원학교와 학과를 언급했다.
현재 재학 중인 학교 이름을 말하고, 자기소개의 기본요소인 취미 또는 특기를 말한다. 그리고 성격 중 장점이 될 수 있는 부분을 꺼내고, 그와 연관된 경험이나 주변의 평가를 덧붙여 주어 면접관에게 자신의 이야기의 진실성을 알려주는 것이 중요하다. 학교생활 중 기억에 남는 경험을 자기소개의 소재의 하나로 언급할 때 가급적이면 승무원 직업을 수행하기에 적합한 사람임을 보여 줄 수 있거나 연관성이 있는 것이면 더욱 좋다. 예를 들면, 봉사 활동, 서비스관련 아르바이트 경험 그리고 외국여행 경험이다.

지원자 B의 예제는 좀 더 발전된 답변이며, 면접관들에게 나를 쉽게 기억시킬 수 있다는 큰 장점이 있다. 그 장점만큼의 위험 요소가 있는데 그것은 바로 도가 지나치는 자기 자랑이나, 자기 과장으로 비쳐질 수 있다는 것이다. 따라서 자신을 잘 표현 할 수 있는 PR 문구를 만드는 일이 관건이고, 그것을 뒷받침할 수 있는 경험을 생각해 두었다가 PR 문구 바로 뒤에 그 경험을 넣어서 설명하여 면접관에게 어필할 수 있어야 한다.

지원자 C의 예제는 어떤 사물을 나 자신에 비유하여 설명하는 방법으로 그 사물의 특성을 설명하고 그 특성과 자신의 장점의 연관성을 어떻게 설명하느냐가 가장 중요하다. 면접관에게 강한 인상을 심어 줄 수 있을 뿐만 아니라, 다른 지원자에게까지 나를 기억시키는 강한 무기가 되기도 한다. 하지만 어떤 사물을 비유하느냐는 신중히 고려하여야 한다.
그 사물이 웃음의 소재가 될 수 있으므로 신중히 선택을 해야 한다.

자기소개 쉽게 따라 하기

Step 1 ▸ 자신의 개인신상 작성하기

개인신상(Personal Date)을 우선 작성하는 것이 중요한 이유는, 이것을 통해 자신의 현재 위치와 과거의 경험이 어떤 것들이 있는지 정리할 수 있기 때문이다.

이것이 잘 정리되면 자기소개에서 어떤 내용을 소재로 삼아야 할지 스스로 쉽게 파악할 수 있다.^(뒷장 표에 실제로 정리한다)

Step 2 ▸ 개인신상을 통해 자신의 장점 파악하기

개인신상 데이터 작성을 통해 자신이 경험하거나 했던 일들을 정리했다면 그런 경험들을 통해 본인이 느낀 점이나, 자신의 장점으로 어필할 수 있는 것이 무엇인지 정리한다.

예) 꽃동네 양로원 봉사활동 - 남을 돕는 마음/ 친절함/열린 자세
    던키 도너츠 아르바이트 - 동료를 잘 도움/친절한 고객 응대

Step 3 ▸ Step 1 + Step 2

지원자의 취미, 특기, 학교생활, 봉사활동 등을 정리한 것을 바탕으로 장점을 어필하는 것은 자기소개를 할 때 좋은 방법 중 하나이다.

개인신상 작성을 통해 스스로를 객관적으로 평가해보고, 이것을 토대로 차별화된 자기소개를 만들어야 한다.

앞선 자기소개의 예시들을 살펴 본 후 나만의 면접노트에 자기소개서를 작성해 보자.

Personal Date

✈ 항공서비스학과 지원서를 작성하기 전 미리 작성해 보세요.

● Name(이름) :

● Address(주소) :

● Hobby/Interest(취미/흥미/특기) :

● Personality & Strength(성격/장점) :

♣ 장점 :

♣ 단점 :

● Education Background(학력) : 현재 재학 중인(졸업) 고등학교

● School Llife(학교생활) : ex)동아리, 학생회, 수상경력, 봉사활동

♣ 동아리 :

♣ 학생회 :

♣ 봉사활동 :

♣ 기타 :

● Activity(외부활동) : ex)서비스 관련 아르바이트, 교외 봉사활동, 학생모임 등

　♣ 서비스관련 아르바이트 :

　♣ 그 밖의 사항 :

● Travel Experience(여행) : ex) 외국여행, 국토대장정, 동아리 캠핑 등

　♣ 외국여행 :

　♣ 국내여행 :

● Extracurricular Activity (기타활동) : ex)외국 어학 연수, 공모전, 어학능력 등

　♣ 어학연수 :

　♣ 인턴십 :

　♣ 공모전 :

　♣ 어학점수 :

나만의 면접노트 만들기

🪴 자기소개를 해보시겠습니까?

2 장·단점 : 장점은 더하기, 단점은 빼기

항공서비스학과 지원하는 학생에게 장·단점을 궁금해 하는 것은 미래에 지원자가 승무원이라는 직업을 수행할 수 있는 성향을 가지고 있는지 파악하기 위함이다. 물론 항공서비스학과에 입학하여 승무원으로서 갖춰야 되는 기본 소양과 자세를 갈고 닦을 수 있지만 그에 앞서 서비스마인드라는 정신적인 부분을 무시할 수 없기 때문에 성격의 장점에 내용을 통해 면접관은 당신의 마인드 부분을 알고 싶어한다. 반대로 성격의 단점을 묻는 이유는 자기소개서나 학교지원서에서 알 수 없는 승무원으로서의 기본적 자질에 유해되는 치명적인 성격적 결함이 없는지 알아보고 싶어서이다. 아무리 학업 성적이 우수하고, 어학 능력이 뛰어나고, 봉사활동의 경험이 많다고 해도, 항공서비스학과 입학의 최종 목표인 승무원이라는 직업을 수행할 수 없는 성격이라면 항공서비스학과 교수님들도 그 지원자를 선택하기를 두려워 할 것이다. 장점은 더하기, 단점은 빼기라고 하였다. 성격의 장·단점은 보통 같이 물어 보는 경우가 많으므로 이 질문에 답변할 때에는 장점은 더하여서 2~3가지를 말하고, 단점은 빼서 한 가지만 말한다. 특히 단점을 말하고 나서는 꼭 단점을 극복하기 위한 노력이나, 단점의 이면을 설명하여 자신을 방어할 수 있다.

단점을 다른 각도로 보았을 때 좋은 면으로 보일 수 있다는 것은 발상의 전환이자 면접관에게 긍정적 이미지를 심어 줄 수 있다.

1. 장점은 2~3가지를 말한다. 장점의 예제를 덧붙이면 좋다.
2. 단점은 1가지만 말하고, 단점 극복 노력 또는 단점의 이면을 설명한다.

항공서비스학과

면접의 **신**

실전연습

면접관 : "자신의 장단점을 말해 보시 겠습니까?"

☞ 면접관이 예상치 못하게 "장점 3가지와 단점 3가지를 말씀해 보세요."라고 물을 수도 있다. 그렇다고 당황하지는 말고, 장점을 말할 때는 성격적인 부분과 남들보다 뛰어난 어학능력이나, 여행 경험, 서비스관련 아르바이트 경험이 많은 것도 장점이 될 수 있다. 또한 단점은 최대한 누구나 이해할 수 있는 평이한 단점을 이야기하는 것이 좋고, 그 중 가장 크다고 생각하는 단점의 극복노력 한 가지만 언급해도 무방하다.

지원자 A 예제:

"저의 가장 큰 장점들은 열린 마음과 적응능력 입니다. 새 학기가 시작할 때 또는 새로운 모임에 갔을 때 사람들에게 편안하게 다가가 말을 잘 걸기도 합니다. 또한 팀 안에서 구성원들의 다른 점을 이해하고 받아들이려는 자세를 가지고 있어 친구들이 저와 한 팀이 되어 일하는 것이 좋다고 종종 말하곤 합니다. 반면에 단점으로는 종종 직설적으로 말을 하는 경향이 있습니다. 제가 말하는 방식 때문에 의도하지 않게 상대방에게 상처를 줄 수 있다는 것을 깨달았기 때문에 우회적으로 표현을 많이 하려고 노력합니다. 그럼에도 많은 친구들이 저의 솔직한 생각이나 조언을 듣고 싶어 저를 자주 찾습니다."

지원자 A 분석

- 장점 2가지를 예를 들어 잘 설명했다.
- 큰 단점을 언급했지만, 어떻게 고칠지를 잘 설명했다.
- 단점의 이면까지 같이 설명해주어 플러스 요소가 된다.

지원자 B 예제:

"저의 장점들은 책임감과 자신감입니다. 저에게 맡겨진
일들을 대할 때 항상 강한 긍정의 에너지를 불어 넣어 자신감을
가지고 열심히 하며, 어려운 상황들이 있어도 책임감을 잊지
않고 끝까지 마무리하는 모습을 주변 친구나 선생님들에게
보여 주었습니다. 이런 장점은 승객을 책임져야 하는 승무원에게
꼭 필요한 자질 중에 하나라고도 생각합니다.
반면에 단점은 제가 하는 일들을 지나치게 꼼꼼하게 살피는
것입니다. 주어진 과제의 질적인 면을 너무 생각하다 보니,
정해진 시간을 놓치게 된 경우도 있었기 때문입니다.
하지만 이런 섬세함으로 인해 일의 완성도가 높았다는
평가를 받았었습니다."

지원자 B 분석

- 장점 2가지에 대한 부가 설명을 잘
  했다.
- 장점을 미래의 직업인 승무원과 연
  관시켜 설명했다.
- 단점 자체가 치명적이지 않으며, 오
  히려 장점으로 평가될 수 있다.

지원자 C 예제:

"저는 팀워크와 리더십을 동시에 갖춘 사람입니다. 어떠한 팀의 일원이 되더라도 팀의 공통 목표를 위해 노력하고 협조하는 모습을 가지고 있습니다. 또한 한 팀을 이끄는 리더가 될 때는 리더십으로 팀을 잘 뭉치게 하고, 팀원 구성원 각자의 능력과 개성을 존중해 줍니다. 학교 축제 때 문예반 동아리 회장으로서 축제 준비를 잘 하기 위해 강한 리더십으로 팀의 목표를 성공적으로 마치게 하였고, 팀원들이 다 같이 만족하는 문예창작 발표회를 만들었기에 팀워크도 좋았다는 평가를 선생님들로부터 받았습니다. 반면에 저의 단점은 긴장을 하면 세심한 부분을 잘 놓친다는 것입니다. 이런 단점을 극복하기 위해 일을 마칠 때 작은 부분까지 재차 확인을 하고 항상 '오늘의 해야 할 일' 리스트 작성을 합니다."

지원자 C 분석

- 장점 두 가지가 상반되는 것 같지만 연관성이 있다.
- 장점에서 실제적인 경험을 예제로 들어준 것이 좋았다.
- 단점이 너무 과하지 않고, 개선 노력을 간단하지만 잘 설명했다.

지원자 D 예제:

"저는 의사소통 능력이 뛰어나고 유머감각이 뛰어나다는
것이 장점입니다. 저는 진정한 의사소통의 의미는 듣는 것이
우선시 되어야 하는 것이라고 생각하기 때문에, 상대방의 말을
먼저 잘 들어 줍니다. 그래서 주변 친구들의 고민이나, 어려움들을
편안하게 상담해 주곤 합니다. 또한 유머감각이 있다는 말을 많이
들었는데요, 유머감각은 특히 사람들과의 어색한 자리를 친근한
분위기로 바꿀 수 있기 때문에 친구들이 저와 시간을 같이
보내는 것이 즐겁다고 합니다. 반면에 단점은 자신감이
부족하다는 것입니다.
새로운 일을 하게 될 때면 약간 긴장을 하여 자신감이
없는 느낌을 받을 때가 있습니다. 하지만 이제는 제가 가진
장점을 잘 알기에 자신감이 충만한 사람으로
점차 거듭나고 있습니다."

지원자 D 분석

- 장점을 주변인들의 평가로써 설명
  했다.
- 단점이 부정적 느낌이 적고, 스스로
  어떻게 변화되었는지 잘 설명했다.

나만의 면접노트 만들기

🌱 성격의 장·단점

③ 취미,여가 : 위대한 취미

　취미, 여가생활을 어떻게 하는지에 대한 질문은 의외로 답하기 어려운 질문이다. 이 질문은 간단하지만 항공서비스학과 지원자의 성향과 특성을 파악하기에 아주 좋은 질문이므로 진지하게 고민해 봐야 한다. '여러분들은 평소에 어떤 취미를 즐겨 하시나요?', '요즘 '테디베어' 만들기가 유행이라서 곰 인형을 만들고 있어요, 요리가 취미에요. 또는 아이패드 어플 다운받기가 취미라는 정말 10대다운 대답을 할 수도 있다. 하지만 여러분들은 이 질문에 대한 답을 다른 방향에서 찾아야 한다. 바로 항공서비스학과 교수님, 즉 면접관들과 나눌 수 있는 관심거리나 취미활동에서 답을 찾아야 한다. 예를 들면 누구나 좋아할 수 있는 운동, 특히 수영이나 스키 같은 계절에 맞는 운동도 좋고, 자전거타기, 요가, 스피닝 같은 생활 속에서 쉽게 접할 수 있는 운동도 좋다. 또는 가족이나 동아리 모임을 통해 할 수 있는 취미인 등산, 여행 같은 것도 아주 좋은 예이다.

　자신의 적성과 특성을 잘 살리면서도 미래의 지원분야와 연관있거나, 혹은 관련이 없다 하더라도 지속적인 취미를 통해 습득한 기술이나 성향이 승무원의 업무와 연관이 있으면 더욱 좋다. 예를 들면, 영어 연극 동아리 활동을 통해 영어로 외국문학을 공부하는 것, 마술을 배우는 취미를 통해 승무원이 된다면 추후에 A항공사 매직팀에 들어가는 것도 고려해 봤다든지 하는 내용을 말한다면 당연히 면접관의 눈에 들 것이라고 확신한다.

　더 나아가 취미나 여가 활동을 통해 배운 것은 무엇인지, 어떤 새로운 경험을 했는지도 설명해 주면 더욱 좋다.

Key point

① 취미는 나만의 것이 아니다. 면접관의 눈높이에 맞춰라.

② 미래의 직업과 연관성 있는 취미를 찾아라.

③ 정적인 것보다는 동적인 취미, 혼자 하는 것보다 여럿이 하는 취미가 좋다.

실전연습

면접관 : "취미가 무엇입니까?"
"여가 시간을 어떻게
보내시나요?"

지원자 A 예제:

"저의 취미는 수영과 스키입니다. 수영은 사계절 할 수 있는
체력증진을 위한 정말 좋은 운동입니다. 또한 스키는 겨울에만
즐기고 있는 운동 인데, 특히 눈 오는 날에 스키를 타면 모든
스트레스가 사라지고 짜릿함을 만끽할 수 있는 정말 흥미로운
운동입니다. 스키를 타면서 동호회 활동을 하게 되었는데,
동호회를 통해 만난 다양한 연령의 사람들과 친해지다 보니,
공통의 화제로 나이나 성별에 상관 없이 다 친구가
될 수 있다는 것이 참 좋았습니다."

지원자 A 분석

● 계절에 따른 두 가지 상반된 취미를
예로 들었다.
● 각기 다른 취미를 통해 얻는 것을 잘
설명했다.

지원자 B 예제:

"저는 취미가 볼링입니다. 볼링을 처음 접하게 된 것은
토요일마다 있는 학교 특활활동시간에 외부에 나가서
할 수 있는 활동이 좋아서 시작하게 되었습니다.
처음에는 볼링이라는 운동이 생소했지만, 공을 굴려서
볼링 핀을 맞혀서 쓰러지는 모습을 보면 고3입시의
스트레스가 다 날아가는 느낌을 받았습니다. 또한 볼링은
팀플레이인 경우가 많아 팀워크를 기르는데 도움이 되었고,
같은 반 친구들과 볼링을 통해 더욱
친해지는 계기가 되었습니다."

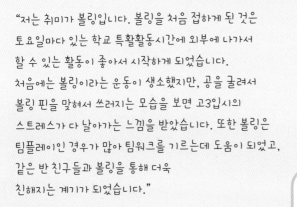

지원자 B 분석

- 한 가지 취미를 설명했지만 내용의 연관성을 잘 표현했다.
- 취미 시작 동기를 언급했다.
- 볼링을 통해 배운 점을 잘 설명했다.

지원자 C 예제:

"저의 관심사는 영문학과 연극입니다. 그래서 최근에
시작하게 된 취미가 있는데 바로 영어연극 공연에
참여하기 입니다. 영어 대본을 외우다 보니 영어 공부에도
많은 도움이 되었습니다. 또한 봉사활동의 일환으로 연극
공연을 불우한 어린아이들을 위해 하다 보니, 취미를 통해
보람되고 스스로 뿌듯함을 느끼게 되었습니다.
저의 즐거움을 위한 작은 시작이 다른 사람에게도
기쁨을 주었기에 더 없이 좋은 취미라고 생각합니다."

지원자 C 분석

- 취미가 어학능력 향상에 도움이 된 좋은 예제이다.
- 봉사활동으로까지 발전하게 된 부분이 면접관에게 좋은 인상을 줄 수 있다.
- 그 활동을 통해 느낀 점을 감성적으로 잘 표현했다.

지원자 D 예제:

"휴식과 재충전을 위해 저는 주말마다 산행을 합니다.
가족들 모두가 등산을 좋아해서 자연스럽게 주말에
부모님을 따라 가게 되었습니다. 등산을 처음 갈 때는
그저 힘들기만 한 운동 같은 거라고 생각했었는데,
정상에 올랐을 때 성취감을 느끼고 난 뒤 산을 오르는 것이
즐거워졌습니다. 계절마다 변화하는 산의 아름다운 모습에
더욱 매력을 느껴 매년 새로운 등산 코스를 찾아가고 있습니다.
또한 게으름을 피우며 보냈던 주말을 알차게 보내고
가족과도 즐거운 추억을 만드는 시간이 된 것
같아 더욱 기쁩니다."

지원자 D 분석

- 취미의 좋은 부분을 잘 설명했다.
- 취미를 통해 얻게 된 것 또한 잘 표현
  했다.

나만의 면접노트 만들기

🌱 취미/여가시간은 어떻게 보내시나요?

4 가족과 친구소개 : 난 혼자가 아니야

가족소개나 가장 친한 친구를 소개해 볼 수 있느냐? "전 혼자가 아니라 가족이 있어요~ 엄마, 아빠, 오빠, 그리고 우리집 강아지 뽀미요~~"라고 대답하실 분은 없죠?

"가족소개를 해보세요."라는 면접 질문은 아주 간단하고 쉬운 질문이지만 지원자의 센스를 가늠할 수 있는 질문이다. 보통 가족소개라고 하면 너무나 단조롭게 가족 구성원이 누구인지와 그들이 어떤 일을 하고 있는지 정도만 소개하는 경우가 대부분이다. 아마도 100명의 지원자가 거의 비슷한 답변을 할 수 있다.

가장 친한 친구에 대한 소개도 마찬가지일 것이다. 누군가 나의 주변 사람을 새로운 모임에 데려가 다른 사람들과 잘 어울릴 수 있도록, 그리고 그 사람이 나보다 더 돋보일 수 있도록 소개할 수 있는 방법을 생각해보자.

따라서 누군가를 소개할 때는 마치 걸그룹, 보이그룹의 멤버들이 각자 자기소개를 할 때 대중들에게 기억남을 수 있는 별명이나 애칭 또는 자신을 잘 표현하는 문구들을 사용하여 설명하는 것을 본 적이 있을 것이다. 이처럼 여러분들도 자신의 가족에 대한 소개나, 친구소개를 한다면 면접관이 당신에 대해 강한 인상을 가지게 될 것이다.

또한 어떤 주제를 정해 거기에 맞춰서 가족 구성원이나 친구를 소개하는 것도 하나의 방법이다. 가족들의 취미나, 음식, 운동 등을 주제로 정해 소개를 한다면 좀 더 흥미로운 내용이 될 수 있다.

친한 친구를 소개할 때는 어떤 특별한 계기로 친해지게 되었다면 그 에피소드를 간략하게 말해도 좋고, 친구와 내가 만나면 같이 하는 일, 놀이 또는 둘의 공통점 같은 것을 소재로 삼아 소개한다면 좀 더 흥미롭고 면접관이 내가 소개하는 친구가 누구인지 몰라도 관심을 가지게 될 것이다.

Key point

① 가족소개는 주제를 정해 소개하는 것이 좀 더 흥미롭다.
② 친구와 내가 친하게 된 이유나 에피소드도 좋은 주제이다.

실전연습

면접관 : "가족소개를 해주시
겠습니까?"

지원자 A 예제:

"저의 가족 구성원은 아버지, 어머니, 여동생,
그리고 언니가 있습니다. 저희 가족 모두가 패션과 유행에
관심이 많아서 주말이면 외식이나, 영화 관람보다는 같이
쇼핑을 가곤 합니다. 특히 아웃렛에 쇼핑을 가는데, 가격이
저렴하면서도 예쁜 옷을 살 수 있어서 좋은 것 같아 자주
이용하곤 합니다. 자매끼리 서로의 옷도 골라주고, 패션에
대한 조언도 아끼지 않습니다. 이런 틈에서 처음에는
어색해 하시던 아버지도 오히려 이제는 자신의 옷을
골라 달라며 같이 쇼핑을 가자고 저희 자매들에게
청하시기도 합니다. 그래서 저희 가족은 주변
사람들로부터 패션 감각이 뛰어나다는
칭찬을 자주 듣곤 합니다."

지원자 A 분석

- 패션과 유행이라는 주제와 연관하
  여 가족소개를 했다.
- 가족 구성원 간의 공통의 관심사를
  흥미롭게 설명했다.

지원자 B 예제:

"저희 가족은 4명입니다. 부모님, 오빠가 있습니다.
아버지는 저희들이 어렸을 때부터 많은 시간을 같이
보내주신 자상하신 성격의 소유자이십니다.
특히 어머니와 저희 형제가 어렸을 때 아버지는 사진을
자주 찍어 주셨고, 손수 만드신 앨범이 50권이 넘습니다.
저의 어머니는 새로운 것을 배우시는 것을 좋아하셔서
여러 가지 요리들을 배우셨는데 특히 빵을 직접 구워주시거나
쿠키나 케이크 같은 간식도 만들어 주십니다.
어릴 때 아버지와 주말 피크닉을 갈 때면 항상 어머니가
샌드위치나 김밥을 만드셔서 싸주셨는데
그 맛은 정말 잊을 수가 없습니다.
오빠는 저와 친구 같이 편안하게 대화를 나누는
사이여서 저는 진로나 이성 문제로 고민이
있을 때는 항상 오빠에게 조언을 구합니다.
제 인생에서 가장 소중한 것을 꼽으라면
전 당연히 저의 가족이 일순위일 것입니다."

지원자 B 분석

- 아버지의 성격과 어머니의 특성을 잘 설명했다.
- 어린 시절 좋은 기억을 부가적인 설명으로 넣어준 것이 좋았다.

나만의 면접노트 만들기

🌱 가족소개를 해 주시겠습니까?

지원자 C 예제:

면접관 : "가장 친한 친구를
소개해 주시겠
습니까??"

"저의 가장 친한 친구의 이름은 강민경입니다.
그녀와 저는 고등학교 1학년 때부터 지금까지 같은 반
이었습니다. 그녀와 저는 신기하게도 생일이 같습니다.
그러다 보니 매년 생일 파티를 같이 했고, 함께 즐거운
추억을 많이 만들었습니다. 더욱이 그녀와 저는 미래의
꿈 바로 승무원이 되는 같은 목표도 있습니다.
오늘도 같이 OO대학 항공서비스학과 면접을 보러
왔고, 같이 합격해서 대학 생활도 함께 하는 행복한
미래를 제 머릿속에 그리며 이곳에 왔습니다."

지원자 C 분석

- 친한 친구와 공통점을 잘 설명했다.
- 면접과 연관한 끝마무리는 인상적
  이다.

지원자 D 예제:

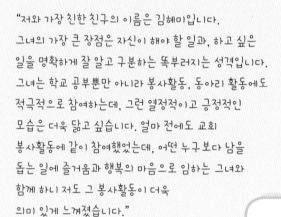

"저와 가장 친한 친구의 이름은 김혜미입니다.
그녀의 가장 큰 장점은 자신이 해야 할 일과, 하고 싶은
일을 명확하게 잘 알고 구분하는 똑부러지는 성격입니다.
그녀는 학교 공부뿐만 아니라 봉사활동, 동아리 활동에도
적극적으로 참여하는데, 그런 열정적이고 긍정적인
모습은 더욱 닮고 싶습니다. 얼마 전에도 교회
봉사활동에 같이 참여했었는데, 어떤 누구보다 남을
돕는 일에 즐거움과 행복의 마음으로 임하는 그녀와
함께 하니 저도 그 봉사활동이 더욱
의미 있게 느껴졌습니다."

지원자 D 분석

- 친구의 성격을 긍정적인 측면이 부각되도록 잘 설명했다.
- 봉사활동이라는 매개체로 친구 와의 관계를 잘 설명했다.

나만의 면접노트 만들기

🌱 친구소개를 해 주시겠습니까?

⑤ 가치관 : 나만의 인생모토^(좌우명), 멘토

인생철학을 묻는 것은 당신이 평소 어떤 생각을 가지고 살고 있는지, 올바르고 건강한 가치관을 가졌는지를 가늠해 보기 위함이다.

인생관을 통해 면접관은 당신의 마음을 훔쳐보려고 한다. 이것을 명심하자.

청소년 시기에 마음속에 담아야 하는 인생관은 꿈과 희망을 담은 메시지여야 하고, 미래에 대한 도전을 두려워하지 않는 진취적인 모습을 담을 수 있다면 더욱 좋다.

만약 인생관에 대한 답을 쉽게 찾을 수 없다면 유명인의 명언이나, 속담 등을 인용하여 자신의 생각과 연관시켜 답을 준비하는 것도 하나의 방법이다.

'Stay Foolish, Stay Hungry' 또는 '사랑하는 사람을 찾듯이 사랑하는 일을 찾아라' 같은 스티브 잡스의 명언도 하나의 좋은 예가 될 수 있다.

하나의 예를 들면 "'사랑하는 사람을 찾듯이 사랑하는 일을 찾아라'라는 말이 내 인생의 모토가 된 이유는 바로 제가 가장 사랑하는 일은 무엇인지 찾았고, 그것이 바로 승무원이라는 직업입니다. 그 승무원이라는 꿈에 한 발 더 다가가기 위해 지금 항공서비스학과 면접을 보고 있고, 꼭 합격하는 좋은 결과가 있었으면 좋겠습니다."라는 포부를 밝힌다면 면접관의 마음을 사로잡지 않을 수 없을 것이다.

인생의 멘토를 묻는다면 그 멘토는 반드시 면접관들도 알 수 있을 만한 유명한 사람을 선택하는 것이 좋다. 당신의 주변에 물론 당신의 멘토가 될만한 자격을 갖춘 사람이 있을 수 있다. 하지만 면접관이 그 사람을 모른다면 면접관의 관심을 끌 수 없을 것이다. 면접관이 이해하기 쉽고, 설명하는 데 많은 시간을 들이지 않아도 되는 눈에 띄는 업적이나, 현재 이슈가 되고 있는 인물에 대해 이야기를 하는 것이 좋다. 예를 들면, 스마트폰의 선구자 '스티브 잡스'의 개혁자 정신이나, 숙명여대 한영실 총장처럼 최초의 여대 ROTC^(학사장교)를 도입한 새로운 시도를 두려워하지 않는 모습 같은 것을 구체적 예로 들어 설명한다.

하지만 정치인, 종교인들을 멘토의 예로 삼는 것은 좋지 않다. 정치적 성향

과 종교의 다양성
이 존재하기 때문
에 이 주제는 피
하는 것이 좋다.

Key point

① 인생철학을 유명인의 명언이나, 속담에서도 찾을 수 있다.
② 멘토는 나의 주변인이 아니라 면접관도 알 수 있는 유명인
을 선택한다.

실전연습

지원자 A 예제:

면접관 : "인생의 좌우명이
무엇입니까?"

"저의 인생의 좌우명은 바꿀 수 없는 일을 받아들이는
평화로운 마음을 갖는 것과, 바꿀수 있는 일은 바꾸는 용기를
가지는 것, 이 두 가지를 구분하는 지혜를 가지는 것입니다.
사람들은 살아가면서 어려운 일을 겪게 될 때 남을 탓하거나,
자신을 비난하기도 하지만 저는 오히려 그런 상황에서
그런 일을 받아들일 수 있는 마음의 여유를 갖도록
노력하고, 새로운 도전이나 변화를 추구하는 일
앞에서는 적극적으로 임하며 두려움을 버리는
마음을 가지려 노력했던 것 같습니다.
앞으로는 이런 두 가지 상황을 적절히 조율할 수 있는
현명한 사람이 되도록 노력하겠습니다."

지원자 A 분석

● 좌우명을 자신의 생각과 잘 연결하며
말했다.
● 앞으로의 노력에 대한 언급은 면접관에
게 학생다운 겸손함으로 다가간다.

지원자 B 예제:

"저의 인생의 좌우명은 '행복은 혼자 오지 않는다' 입니다.
우리는 누구나 행복해지길 원하며 진정한 행복을 찾기 위해
공부를 하고, 일을 하면서 인생을 살아갑니다. 행복은
내 마음속에 있기 때문에 긍정적인 마음을 가지라는 내용의
책이나, 속담, 격언은 많습니다. 하지만 가장 중요한 것은
사람은 혼자서는 행복해질 수 없고 주변사람들과 같이
행복을 만들어 나가야 하고, 같이 행복을 나눠야만
진정한 행복의 의미를 찾을 수 있다고 생각했습니다.
저는 이곳에서도 항공서비스학과 면접을 볼 수 있는
기회를 행복의 시간이라고 생각하고, 이 시간의
행복을 면접관님들과 함께 나누고 싶습니다."

지원자 B 분석

- 좌우명이 짧지만 강한 인상을 남길
  수 있었다.
- 마무리 부분에서 면접을 인생관과
  연관시킨 부분이 인상적이다.

나만의 면접노트 만들기

🌿 인생철학 또는 인생의 좌우명이 무엇입니까?

지원자 C 예제:

면접관 : "인생의 멘토가 되는 사람은 누구입니까?"

"저의 인생에 멘토는 바로 대한항공의 이택금 이사님이십니다. 그분이 쓰신 책 '여자로 태어나 대기업에서 별따기'를 읽었는데, 가장 기억에 남는 부분이 '승객 한 분, 한 분을 매 비행마다 가족처럼 모셨고, 대한항공이 바로 나의 회사이다.'라는 주인의식을 가지고 일에 임했기 때문에 객실승무원으로 입사해서, 한 기업의 임원까지 오를 수 있었다고 밝혔습니다. 제가 항공서비스학과에 입학해서 훗날 승무원이 된다면 저도 이분처럼 승객 한 분 한 분에게 정성스런 서비스를 제공할 수 있도록 노력하겠습니다. 또한 OO 대학 항공서비스학과 입학하여 '이 학교가 저의 학교다.'라는 주인의식을 가지고 학교를 주변에 널리 알리고, 학교의 이름을 높일 수 있는 모범적인 학생이 되겠습니다."

지원자 C 분석

- 인생의 멘토를 가장 모범적인 승무원상에서 선택했다.
- 구체적으로 어떤 부분이 닮고 싶은지 잘 설명했다.

지원자 D 예제:

"저의 인생의 멘토는 아쉽게도 고인이 된 스티브 잡스입니다. 저는 스마트폰의 혁명을 가져온 스티브 잡스의 IT 기술보다, 그의 고객 중심의 감성에 사로잡혔습니다. 그는 '사랑하는 사람을 찾듯이 사랑하는 일을 찾으라.'라는 말을 우리에게 남겼습니다. 저는 이 말을 자신이 진정으로 원하는 것을 찾기 위한 노력이 필요하다는 뜻으로 받아들였습니다. 제가 지금 학교에서 공부를 하고, 입시를 위해 준비하는 시간은 제가 사랑할 수 있는 일을 찾아가는 과정이라고 생각합니다. 그렇기 때문에 사랑하는 사람을 찾는 노력만큼 진정으로 원하는 일을 찾는 노력을 해야 한다는 깨달음을 얻게 해준 그가 저의 멘토가 되어 버렸습니다."

지원자 D 분석

● 고인이 되었지만 유명한 인물로 멘토를 선택한 것은 좋은 방법이다.
● 멘토의 사상을 자신의 생각과 잘 연결시켰다.

나만의 면접노트 만들기

🪴 멘토가 누구입니까? 또는 존경하는 사람은 누구입니까?

2. 지원동기 관련 질문

1 학교지원동기 : 이곳이 내가 갈 학교다

학교지원동기란 여러분이 마음속에 염두에 둔 몇몇 학교를 선택하게 된 이유에 대해 좀 더 심도 깊게 생각해 본 적이 있는가를 알고자 하는 질문이다.

전국에 약 40여 개가 넘는 항공서비스 관련학과가 있기 때문에 교수님들은 그 수많은 대학들 중 왜 우리 대학을 선택해서 지원을 한 것일까를 궁금해 한다.

만약 기회가 된다면 꼭 자신이 지원하는 대학을 가보라고 말해 주고 싶다.

고3 담임선생님께서 이런 말씀을 하시는 것을 들어 본 적이 있을 것이다. 맞다. 자신이 지원하는 대학을 한 번 가보라는 이야기는 내가 그 대학에 입학하겠다는 강한 의지를 다지기 위함이며, 더 나아가서 현재 그 대학 항공서비스학과를 다니고 있는 선배님들을 만나 좋은 조언도 얻을 수 있고, 자신이 지원하는 그 대학 장점이 무엇인지도 파악할 수 있는 좋은 기회가 될 수 있다.

만약 시간적 여유가 없거나, 지원하는 학교가 거주지에서 너무 멀어 방문해 볼 수 없다면 그 학교의 홈페이지, 블로그나, 카페에 가입해서 간접적인 경험을 해 보는 것도 좋다. 앞서 Chapter 1에 전국 각 대학 항공서비스학과 홈페이지 주소가 나와있으니, 참고 하면 유용할 것이다.

① 지원 대학을 직접 방문하여 분위기를 느껴본다.

② 지원 대학의 홈페이지를 검색해 간접적인 정보를 얻는 것도 좋다.

실전연습

면접관 : 전국에 많은 대학 중
저희 학교 항공운항과를
지원하신 이유가
있으신가요?

지원자 A 예제:
한서대학교 지원한 경우

"한서대학교는 기존의 2년제의 항공서비스학과와는 달리
항공학부에 항공관광과가 있는 4년제의 심도 있는
교육 과정을 가진 대학교입니다. 특히 '현장감 있는 글로벌
인재를 양성한다'는 슬로건을 걸고, 아시아나 항공 승무원
체험 교실이라든지, 대한항공 인턴십 프로그램을 연계,
운영하고 있다고 들었습니다. 4년 동안 충분한
교육과 현장실습을 통해 진정한 서비스인로서
만들어 질 수 있다는 점이 너무나 좋다고
생각했기 때문에 한서 대학교에 지원하게
되었습니다."

지원자 A 분석

- 한서대학교가 다른 대학 항공서비
  스학과와 다른 점을 부각시켰다.
- 구체적으로 한서대학교의 교육 목
  표를 이해하고 있다.

지원자 B 예제:
중부대학교 지원한 경우

"제가 중부대학교를 지원한 데는 남다른 이유가 있습니다.
각 대학의 항공서비스학과들은 비슷한 점이 많지만
중부대학교의 항공서비스학과는 타 대학들과 다르다고
생각합니다. 중부대학교는 학생을 위한, 학생에게 다가가는
학교라는 인상을 받았는데요.
항공서비스학과의 블로그, 카페를 통해 학교에 대한 정보
뿐만 아니라 승무원 면접 정보를 얻을 수 있을 뿐만 아니라
더 나아가 선후배, 교수님과의 교류를 할 수 있다는 점이
저를 이곳에 오게 만들었습니다. 제가 중부대학교에
입학하게 된다면 글로벌 시대를 주도하는 전문
항공서비스인이자 후배에게 귀감이 되는
사람이 되어 학교 블로그에 미래 저의 후배들을
위한 조언의 글을 남기고 싶습니다."

지원자 B 분석

- 중부대학교에 지원한 남다른 이유
  가 있다고 시작하는 것을 면접관들
  의 주의를 집중시킬 수 있다.
- 입학한 후 미래에 어떤 학생이 되겠
  다는 포부도 보여 주었다. .

지원자 C 예제:
한국영상대학교 지원한 경우

"한국영상대학교는 항공, 서비스, 승무원관련학과를
가장 많이 보유하고 있는 학교입니다. 스튜어디스과,
항공관광과 그리고 중국항공승무원과가 있어 제가
이곳에서 공부를 하게 된다면 단순히 스튜어디스 과정만을
배우는 것이 아니라 항공, 서비스 관련한 지식들을 폭 넓게
배울 수 있다는 점이 좋다고 생각했습니다.
또한 '스무살의 프로'라는 마음가짐으로 이곳에서 공부한다면
저는 졸업 후 어떤 사람보다 전문적인 소양을 갖춘 승무원이
될 수 있을 것이라고 생각합니다."

지원자 C 분석

● 이 대학의 특이점을 잘 설명했다.
● 본인의 미래 포부로 면접관에게
  어필했다.

지원자 D 예제:
인하공전 항공운항과 지원한 경우

"많은 지원자들이 가장 선호하는 항공관련학과 중
인하공전을 손 꼽습니다. 하지만 저는 인하공전이
가장 오랜 전통과 역사가 있기에 지원한 것이 아니라,
인하공전만의 장점인 가장 승무원다운 승무원을 양성하는
기본에 충실한 교육을 하기 때문에 지원하였습니다.
실제 기내 상황과 현장을 재현한 교육을 통해, 승무원이
되었을 때 가장 먼저 전문적인 모습을 보여
줄 수 있는 인재로 성장할 수 있다고 굳게
믿습니다."

지원자 D 분석

- 인하공전에 지원한 학생들의 틀에
  박힌 대답에서 벗어난 것이 오히려
  강점 요인이 될 수 있다.
- 마찬가지로 포부로 마무리한 것이
  좋았다.

나만의 면접노트 만들기

🌱 특정 대학을 정하고, 그 학교 지원동기

② 승무원 지원동기 : 승무원은 나의 꿈

항공서비스학과를 지원하는 모든 학생의 최종 목표이자 꿈은 당연히 승무원이 되는 것이다. 우선 관련학과에 왜 입학하려고 하는지와 승무원이 왜 돼고 싶은지에 대해 혼동하기 쉽다.

그렇기 때문에 승무원 지원동기와 항공서비스학과 지원동기가 어떻게 다른 것인가를 우선 생각해 보아야 한다. 학교 지원동기는 특정 학교를 중심으로 지원동기를 말해야 하기 때문에, 여러분들이 지원하는 학교마다 다 다른 지원동기가 준비되어 있어야 한다. 위에서 예를 든 것처럼 각 학교의 특성과 상황에 맞는 답변을 준비해야만 각 대학의 교수님들의 질문 의도에 맞는 답을 하는 것이다.

하지만 승무원 지원동기는 어떤 대학을 지원하든 답변은 하나이다. 왜 승무원이 꼭 되고 싶은지 너무나 당연하지만 뻔한 질문에 대한 답을 너무 당연하지 않을 수 있도록 답을 하는 것이 핵심이다. 항공서비스학과에 입학하려고 하는 대부분의 학생들의 미래목표는 승무원이 되는 것이다. 그렇다면 승무원이 왜 되고 싶은지에 대한 명확하고 차별화된 이유가 답변으로 준비돼 있어야 한다.

① 승무원 지원동기와 학교 지원동기를 구분해서 답변을 생각한다.

② 승무원이 되고 싶은 이유를 차별화되게 준비해야 한다.

실전연습

지원자 A 예제:

" 제가 승무원이 되고자 하는 생각을 한 것은 여자아이들의
어린시절 한 번쯤은 꿈꾸는 미래의 직업이라는 데서 시작을
했습니다. 그런데 이 꿈에 대해 좀 더 구체적인 포부와 계획을
가지게 된 것은 중3 겨울방학 수학여행 때, 공항에서 만난
너무나 친절하고 멋진 승무원 언니 때문이었습니다.
첫 외국여행이었기에 공항의 구조를 잘 몰랐던 저는
일행들과 헤어지게 되고, 길 잃은 아이처럼 헤매고 있을때
어떤 승무원이 저의 항공권을 보고 제가 가야 할
게이트까지 안내해 주면서 절 안심시켜 주었던 일이
기억에 아직도 남아 있습니다. 이런 경험이 전문적인
서비스인이 될 수 있는 직업, 그리고 많은
사람들을 즐겁고, 편안한 여행이 될 수 있도록
도움을 주는 일을 선택하게 만들었습니다."

지원자 A 분석

- 어린시절의 꿈이었다는 뻔한 소재
를 실제 경험으로 연결시켜 분위
기 전환을 잘 시켰다.
- 미래의 어떤 승무원이 될 지에 대
한 생각을 잘 표현했다.

지원자 B 예제:

"제가 승무원이 되고자 결심하게 된 계기는 사람들과
어울리는 것을 좋아하고 활동적이 성격 때문입니다.
고3, 1학기 때 담임선생님과 진로 상담을 하면서,
저의 성향을 너무나 잘 파악하신 선생님의 추천과,
제 스스로 느끼기에도 다양한 사람들을 만나면서
서비스하는 직업이 제게 가장 잘 맞는다고 생각했기
때문입니다. 또한 혼자 지내기보다는 다양한 사람들과
어울릴 때, 내 일보다 남의 일을 도울 때 에너지가 넘치는
저의 모습을 보면, 너무나 승무원이라는 직업이
잘 맞을 수 있다고 생각합니다."

지원자 B 분석

- 성격적 장점으로 승무원 지원동기
  를 잘 설명했다.
- 직업의 특성을 이해하고, 승무원
  이라는 직업에 맞는 성격이 무엇
  인지 알고 있다.

지원자 C 예제:

"제가 승무원이 되고 싶은 이유는 승무원이 가장 매력적인 직업이라고 생각하기 때문입니다. 일과 여행을 통해 많은 사람들을 만나고, 그들과 소통하면서 서로 다른 문화와 사람들에 대해서 알 수 있다는 것이 흥미롭다고 생각합니다. 또한 여행의 기회는 단순히 즐기는 시간이 아닌 나 자신을 발전시키고 넓은 시야와 국제적인 감각을 갖춘 사람으로 거듭날 수 있게 하는 좋은 경험이라고 생각합니다. 그리고 실제로 제 주변의 승무원이라는 직업을 가진, 사촌 언니나 지인들을 만나 대화를 나누게 되면 그분들은 다방면에 지식과 여성으로서의 아름다운 매너와 품위를 가지고 계시다는 것을 종종 느끼게 됩니다."

지원자 C 분석

• 승무원 직업의 특성을 잘 이해하고 있다.
• 주변인의 예를 들어 설명한 것이 공감을 불러온다.

지원자 D 예제:

"제가 승무원이 되고자 결심하게 된 계기는 바로
여름방학 동안 경험했던 공항 커피 전문점에서의
아르바이트 때문입니다. 그곳에서 일을 할 때 처음 해보는
서비스관련 아르바이트였기 때문에 힘든 점도 없지 않았지만,
다른 사람에게 서비스하는 일이 나 자신이 행복을 느끼는
일이라는 것을 알게 되었습니다. 또한 공항이라는 장소 덕에
많은 승무원들을 만나게 되었는데, 저의 진심 어린 친절함
때문에 승무원이신 분이 저에게 승무원보다 더 친절한
아르바이트생 같다며 칭찬을 해주셨습니다.
그때 더욱 제 꿈에 대한 확신이 생겼습니다."

지원자 D 분석

- 아르바이트 경험을 승무원 지원동기의 예로써 활용을 잘 했다.
- 지원자에 대한 타인의 좋은 평가가 면접관에게 어필될 수 있다.

나만의 면접노트 만들기

🌱 승무원이 되고자 결심한 계기가 있나요?
　　승무원이 왜 되고 싶으신가요?

3 승무원에게 중요한 자질 : 문제해결능력, 친근한 인상, 그리고 체력 등

항공운항과/서비스학과를 지원하는 여러분들은 대부분 승무원이라는 직업에 대한 이해도가 높고, 이 직업에 남들보다 더 많은 관심을 가지고 있으리라고 생각한다. 직업에 대한 이해가 남다르다는 것은 승무원이라는 직업을 잘 수행할 수 있는 사람은 어떤 성향을 갖춰야 되는지 잘 안다는 뜻이다.

승무원이 되기 위한 중요한 자질이 무엇인지 그럼 단어박스로 정리해 보자.

| 친근한 용모 | 강인한 체력 | 솔선수범한 자세 | 긍정적 성격 | 강한 책임감 |

대인관계 기술 / 융통성 / 열린 마음 / 국제적 감각 / 서비스 마인드

외향적 성격 / 팀워크 / 침착함 / 아름다운 미소

등 많은 연관 단어들을 머릿속에 떠올려 볼 수 있다.

이렇게 여러 가지의 중요한 자질이 필요하다는 것을 알았으니, 이제 이런 자질이 왜 필요한지를 설명하고, 각 단어의 의미를 잘 설명하는 답변을 만들어 본다.

실전연습

면접관 : 승무원이 되기 위해
중요한 자질은 무엇이
라고 생각하십니까?

지원자 A 예제 :

"승무원이 되기 위해서는 외적·내적으로 많은 것들을
갖춰야 된다는 것을 알고 있습니다. 제 생각에는 여러
사람들과 잘 어울릴 수 있는 성격과 더 나아가 다른
문화와 다양한 사람들을 이해하는 능력이 꼭 필요하다고
생각합니다. 같이 일하는 동료들뿐만 아니라 일을 하면서
대하게 되는 승객들이 다국적, 다문화의 배경을 가지고
있기 때문에 다른 문화나 사람에 대한 이해가 부족하다면
일하는 데 있어 어려움이 있을 수 있다고 예상됩니다.
제 스스로도 미래의 승무원로서 열린 마음과 자세를
갖추기 위해 노력하고 있습니다."

지원자 A 분석

- 중요한 자질은 다문화와 다양한 사람
  에 대한 이해라는 답을 함으로써 직업
  에 대해 정확히 인지하고 있다는 생각
  을 면접관에게 보여 줄 수 있다.
- 자신도 노력하는 부분을 표현해 준 것
  이 더욱 좋다.

지원자 B 예제:

"팀워크가 승무원이 갖춰야 되는 가장 중요한 자질이라고 생각합니다. 기내 안에서 행해지는 대부분의 업무가 여럿이서 협동을 해야만 되는 일들이 많다고 생각됩니다. 팀원 간의 상호 협력이 없이는 아무리 개개인이 뛰어나다고 할지라도 성공적인 비행을 할 수가 없습니다. 팀원 일원들이 서로를 배려하고 도와준다면 가장 안전하고 즐거운 비행이 될 것이라고 생각합니다. 또한 좋은 팀워크가 승객에게 좋은 서비스를 제공하는 밑받침이 될 수 있다고 생각합니다."

지원자 B 분석

- 팀워크를 갖추는 것은 승무원이 갖춰야 할 가장 중요한 덕목이다.
- 간단하지만 핵심을 설명했다.

지원자 C 예제:

"유연성과 융통성 2가지를 승무원이 갖춰야 할 중요한
자질이라고 생각합니다. 유연성이란 예상치 못한
상황에서 상대방의 말을 경청하는 마음과 부드러운
태도를 가지는 것을 의미합니다. 또한 융통성이라 함은
상황과 형편에 맞게 일을 처리하는 능력을 의미합니다.
한정된 기내라는 공간 안에서 어떤 상황이 일어날지
모르기 때문에 어떤 직업보다도 이런 부분이
요구된다고 생각합니다."

지원자 C 분석

- 유연성과 융통성이라는 비슷하지만 다른 두 가지를 답변으로 잘 정리했다.
- 기내 안의 상황을 언급해 준 것이 좋다.

지원자 D 예제:

"승무원이 되기 위해 가장 필요한 자질은 서비스 마인드라고 생각합니다. 서비스 분야 중에 가장 전문적이고, 수준 높은 서비스를 제공해야 되는 것이 이 직무의 특징입니다. 더 나아가서는 서비스인으로서 사명감을 가지고 고객을 대해야 한다고 생각합니다. 지난 겨울방학 때 서비스 관련한 아르바이트를 해 본 경험이 있습니다. 그때 느낀 것은 서비스를 행하는 기술이나 능력은 노력하면 되지만, 서비스 마인드는 노력으로 되는 것이 아니라 마음속으로 우러나와야 된다는 생각을 했었습니다. 그렇기 때문에 승무원은 진심으로 승객을 도와주고, 그들에게 감동을 줄 수 있는 서비스인다운 자세와 태도를 갖춰야 됩니다."

지원자 D 분석

- 서비스 마인드를 가지게 된 실제 경험을 이야기했다.
- 승무원으로서 승객을 어떻게 대해야 하는지에 대한 자신의 의견을 피력했다.

나만의 면접노트 만들기

🌱 승무원이 되기 위해 가장 중요한 자질은 무엇일까요?

3. 학창시절 관련 질문

  1 학교생활 : 내가 제일 잘나가~

학교생활에 대한 질문은 면접관들이 지원자들의 고등학교 재학시절 동안 어떻게 보냈는지, 가장 기억에 남는 일이 무엇인지 그리고 학업을 충실히 했는지를 알고자 하는 질문이다.

비록 학생부 성적이 남들보다 조금 못할지라도 이 질문에 대한 답변을 잘할 수 있다면 이제부터는 걱정을 하지 않아도 될 것이다.

학교생활 중 교과목 공부에 대한 흥미로웠던 부분을 답하기보다는 교과목 공부 이외에 학교 내외 특별활동이나, 수학여행, 친구들과의 교우관계, 학급 임원을 했던 경험 등을 답으로 준비하는 것이 좋다. 이런 경험들을 이야기할 때 항상 고려해야 하는 부분은 경험을 통해 배운 것이 무엇이고, 발전하게 된 것은 무엇인지와 그리고 항공서비스과 입학해서 추후에 대학생활을 적극적으로 할 것이라는 모습을 간접적으로 보여 줄 수 있으면 더욱 좋은 답변이 될 수 있다.

① 고등학교 시절 가장 기억에 남는 것을 미리 생각해 두자.
② 학교 공부와 연관된 것보다는 흥미로운 활동이나 경험을 이야기하자.

실전연습

면접관 : 고등학교 시절 동안
가장 기억에 남는 것은
무엇인가요?
고등학교 생활 어땠나요?

지원자 A 예제:

"학교 생활 동안 저는 여러 가지 활동들에 적극적으로
참여했었습니다. 학생회 부회장으로, 학급 임원으로
그리고 체육대회에서 치어 리더였습니다. 학생회와
학급 임원을 했던 경험은 저에게 통솔력과 타인의
입장에 서서 이해하는 마음을 가지게 하였습니다.
치어 리더로서의 경험은 정말 흥미롭고 가장 기억에
남는 것 중에 하나로, 다양한 친구들과 어울려 응원하는
방법을 연구하고, 같이 연습도 함으로 인해 더 깊은
우정을 쌓을 수 있었고, 신나는 응원이 체육대회에서
우리 팀의 승리로 돌아 왔을 때는 너무나
큰 성취감을 느꼈었습니다."

지원자 A 분석

- 다양한 활동을 언급했다.
- 그런 활동들을 통해 배운 점이 무엇인지 정확히 표현했다.

지원자 B 예제:

"고등학교 시절 동안 매 방학 때 같은 반 친구들과
국토대장정과 배낭여행을 했던 것이 정말 기억에
남습니다. 어렸을 때부터 부모님과 가까운 해외나,
국내의 곳곳을 여행했던 경험 때문에 여행이 저에게는
정말 중요한 삶의 일부분이 되어 왔었습니다. 그 와중에
같은 반 친구들과 방학 전에 계획을 세워 국토대장정에
참여한 것은 정말 잊지 못할 추억입니다.
순간순간의 어려움을 이겨내는 국토대장정을 끝냈을 때
큰 성취감과 참을성의 중요성을 다시 한 번 실감
했습니다. 특히 같은 반 친구들과 함께했던
시간이었기에 서로의 우정을 확인하는 좋은
계기가 되었습니다. 아마도 저의 고등학교
시절이 인생에서 가장 행복한 시간이었다고
기억하게 될 것입니다."

지원자 B 분석

- 여행과 친구들의 우정을 소재로
  잡았다.
- 고등학교 시절의 의미를 잘 설명
  했다.

지원자 C 예제:

"고등학교 생활 동안 가장 기억에 남는 것은
담임선생님과 같은 반 친구들 5명입니다.
담임선생님께서는 저의 적성과 흥미를 잘 아시고,
이렇게 항공서비스학과에 지원하시는 것에 적극적인
지지를 보여 주셨습니다. 그리고 지금 저와 가장 친한
5명은 모두 항공서비스학과 입시를 같이 준비한 친구들입니다.
공통의 목표를 가진 저희들을 모아 동아리 활동도 도와주시고,
면접준비를 적극적으로 도와주신 담임선생님께 감사하다는
말을 꼭 전하고 싶습니다. 또한 저의 가장 친한 친구들 5명은
각기 다른 개성과 성격을 가지고 있지만 같은 목표를 향해
달려 왔고, 서로 격려하며 이 면접을 준비했습니다.
항공서비스학과에 모두 다 같이 입학하면
좋겠지만 당락 여부와 상관없이 그들 모두가
제 평생의 가장 값진 선물이라고 생각합니다."

지원자 C 분석

- 담임선생님과 친구들이 어떤 의미 인지 잘 설명했다.
- 감정적 호소력이 있다.

지원자 D 예제:

"저희 학교와 자매결연이 있는 중국의 '쓰촨'
고등학교에서 온 교환학생들을 만난 것이 저에게는
가장 의미 있는 경험이었습니다. 평소에 외국문화와
언어에 관심도 많았기에 외국에서 온 친구들을 만나는
것이 너무 설레이고 기쁜 일이었습니다. 그들이 한국에
와서 한국의 이곳저곳을 구경을 시켜 주고, 그 친구들이
관심 있는 K-POP도 가르쳐 주니 금방 친해 지게 되었습니다.
또한 그중 한 친구도 저처럼 승무원의 꿈을 가지고 있고,
나중에 한국에 있는 항공사에서 근무하고 싶다는 것이
참 기억에 남습니다. 저도 이 학교 항공서비스학과에
입학하여 나중에 승무원이 된다면 중국으로
비행을 가서 그 친구들을 다시 만나고 싶습니다."

지원자 D 분석

- 남들과 좀 더 차별화된 좋은 경험
  을 이야기했다.
- 항공서비스학과 입학의 포부와 잘
  연결시켰다.

나만의 면접노트 만들기

🌺 학교생활 중 가장 기억에 남는 것은 무엇이었나요?

② 동아리 활동과 봉사 활동 : 적극성 1등인 나

학교생활의 일부분이 동아리나 봉사활동일 수도 있고, 사람에 따라서는 이런 활동을 참가하지 않는 경우도 있다. 하지만 학교생활이 어땠나? 라는 질문 다음에 따라 나올 수 있는 가장 대표적인 꼬리 질문이 '동아리 활동을 했는지……' 또는 그 밖의 외부 활동으로 봉사활동이나 캠프, 대회 같은 것에 참여해서 좋은 경험이 되었는지이므로 이 질문에 대한 답변은 미리 준비해야 한다. 특히 항공운항서비스학과에서 선발하고자 하는 학생의 요건 중 하나가 바로 단순히 학업 성적이 좋은 학생이 아니라 학과 공부의 특성상 적극적이고 진취적인 자세를 가지고 있는지 알고 싶어 하기 때문이다. 또한 대학 입학 후 학교생활을 어떻게 임할지 미리 가늠해 보고자, 고등학교 시절에 어떤 활동들에 참여 했고, 그 참여한 활동들에 대해 어떻게 생각하고 있는지도 면접관들은 궁금해 한다. 만약 지금까지 특별활동에 참여한 경험이 없다면 아직도 늦지는 않았다. 적극적으로 봉사활동을 참여한다든지, 교회나, 지역사회 단체활동에 같은 반 친구들과 함께 참여해 보는 것도 좋다.

Key point

① 고등학교 시절 동아리, 봉사활동 경험 하나씩은 꼭 해보고, 질문 답변 준비하자.

② 면접관은 이 문제를 통해 당신이 대학 생활을 어떻게 할지 예상해 보려 한다.

실전연습

면접관 : 동아리 활동이나 봉사활동 경험에 대해 말해 보세요.

지원자 A 예제:

"저는 방송반 동아리 회장이었습니다. 학교 교내 방송을 기획하고, 조직 및 학교행사에서 방송 관리를 하는 일을 맡다 보니 선생님들과도 가깝게 지내게 되었습니다. 그 덕분에 방송반 친구들과 선생님들로부터 리더십이 있는 사람이라는 말을 많이 듣게 되었습니다. 이 동아리 활동을 하기 이전에 몰랐던 저의 새로운 모습을 발견하고 스스로 자신감이 더 커졌고, 모든 일에 더 적극적으로 임하게 되었습니다. 대학 진학 상담에서도 제가 원하는 것을 적극적으로 피력해서, 이렇게 ○○ 대학 항공서비스학과 면접을 보게 되었습니다. 앞으로도 학교생활을 능동적으로 임하는 사람이 되겠습니다."

지원자 A 분석

- 동아리 활동속에서 자신의 강점을 발견한 것을 설명했다.
- 입학후 포부로 답변 마무리를 잘 했다.

지원자 B 예제:

"학교생활 동안 걸스카우트 동아리에서 활동을 했었습니다. 국제학생 캠프에 참가했던 일이 가장 기억에 납니다. 그 캠프는 국제적인 걸스카우트 일원들이 한국에서 모인 것인데, 저는 외국문화와 언어에 관심이 많아서 그 캠프에서 외국 학생들을 만난다는 것이 너무 좋았습니다. 다양한 국가에서 온 다른 나라 학생들과 평소에 연습해 두었던 영어로 이야기를 나누었고, 그들의 문화에 대해서도 새롭게 알게 되었습니다. 또한 그 친구들이 '한류'에 관심이 많았기에 제가 K-POP과 한국어를 가르쳐 주었습니다. 이것을 계기로 우리는 쉽게 가까운 친구가 되었습니다. 이런 경험은 국제적인 감각을 넓히고, 좀 더 열린 마음을 갖춘 사람으로 발전하게 된 좋은 계기였다고 생각합니다."

지원자 B 분석

● 동아리 활동 중 가장 기억에 남는 것을 구체적으로 언급했다.
● 이 활동을 통해 얻은 것에 대해 잘 설명했다.

지원자 C 예제:

"고등학교 1학년 때부터 지금까지 봉사활동 동아리에
참여했었습니다. 저는 특히 아이들을 좋아해서,
고아원으로 봉사활동을 나가는 것을 맡아서 하였습니다.
이것은 제게 너무나 행복하고 값진 경험이었습니다.
매달 2회씩 고아원을 방문하여 아이들에게 그림과,
종이 접기를 가르쳐 주고, 음식을 만드는 것을 도와주는
일을 했었습니다. 처음에는 저를 낯설어 하는 아이들의
마음의 문을 여는 것은 힘든 일이었지만, 그림을 같이
그리면서 그들과 교감하게 되었고, 아이들의 밝은 웃음
속에서 저는 마음이 따뜻해짐을 느꼈습니다."

지원자 C 분석

- 구체적으로 봉사활동으로 한 일들
  을 설명했다.
- 봉사활동 동아리를 하면서 느낀
  점을 잘 표현했다.

지원자 D 예제:

"저는 친구들과 관광 디자인 공모전에 참여해서,
은상을 수상했던 경험이 가장 기억이 납니다.
평소 여행과, 관광 산업에 대해 관심이 있었기 때문에
이 공모전을 참여하게 되었습니다. 처음에는 관광과
연관한 새로운 디자인을 창조하는 것이 쉽지는 않았습니다.
하지만 친구들과 며칠 밤을 새고, 미술 선생님의 도움을 받아
디자인을 완성하여 제출하고 난 후 좋은 결과까지 거두게
되어 너무 기뻤습니다. 그리고 힘든 일이라도 서로
도와가면서 한다면 좀 더 좋은 결과가 나올 수
있다는 것에서 팀워크의 의미를 깨달았습니다."

지원자 D 분석

- 공모전 참가는 동아리나 봉사활동 같은 기타 활동으로 대체해서 말할 수 있다.
- 이런 경험을 통해 느낀 점을 잘 설명했다.

나만의 면접노트 만들기

🪴 동아리나, 봉사활동 같은 것에 참여한 경험을 말해 보세요.

③ 해외경험 : 청소년이여, 세상은 넓다

요즘 청소년들은 외국에 가볼 수 있는 많은 기회의 문이 열려 있다. 학교에서 수학여행뿐만 아니라, 교환학생, 방학을 이용한 어학연수, 해외봉사나 캠프 같은 것에 참여하여 외국을 여행하거나, 다른 문화를 경험해 보는 것을 적극적으로 추천한다. 외국에 나가서 새로운 것들을 보고 느끼는 것은 청소년들에게 좋은 자극이 될 수 있고, 이런 것들이 추후 국제적인 감각을 갖춘 사람으로 발전하게 되는데 도움을 줄 수 있다. 여러분들에게 주어진 기회가 있다면 주저 없이 해외 경험을 해보길 권한다.

해외 경험에 관련한 질문은 자주 나오는 질문은 아니지만, 만약 이런 경험이 있다면 남들과 차별화된 강점이 될 수 있다.

학교생활, 동아리 활동에 대한 특별한 답변을 준비할 수 없다면 외국경험을 고등학교 시절 가장 기억에 남는 경험으로 답하는 것도 좋다.

① 기회가 있다면 외국 문화 · 여행을 경험해 보도록 하자.
② 학교생활, 동아리 활동 관련한 질문을 대체할 수 있는 질문이 해외 경험에 관한 것이다.

실전연습

면접관 : 학교생활에 특별히 기억 남는 것이 없다면 혹시 해외 경험은 있으신가요?
외국여행이나 연수 경험이 있으신가요?

지원자 A 예제:

"여름 방학을 이용하여 단기어학연수를 필리핀, 세부로 다녀왔습니다. 같은 동양권의 국가이지만, 필리핀의 영어 교육은 체계적으로 잘 되고 있어서 그곳을 선택하게 되었습니다.
특히 필리핀 사람들은 친절하고 언제나 밝은 모습으로 다른 나라 사람들을 대해줘서 편안하게 느껴졌습니다. 특히 그곳에서 만난 외국인 여행객들과, 본토 사람들과 바닷가 근처에서 바비큐 파티를 했던 것이 기억에 가장 남습니다. 영어를 아주 잘 하지는 못하지만 이런 기회를 통해 외국 사람들과 대화하는 것에 대한 두려움도 사라졌고, 외국인 친구까지 생기게 되어 제가 좀 더 국제적인 사람으로 거듭나게 되었습니다."

지원자 A 분석

● 외국 어학연수 경험을 답변의 소재로 삼았다.
● 그곳에의 경험을 구체적으로 설명했고, 느낀 점을 잘 표현했다.

지원자 B 예제:

"학교에서 수학여행을 일본의 자매 학교가 있는
오사카 지역으로 가게 되었습니다. 처음 가는 해외여행
이라 설레는 마음으로 비행기에 올랐습니다. 그곳에서
자매학교 친구들과 만나 같이 유니버셜 스튜디오에 방문해
견학을 한 것과 일본 라멘을 먹으러 갔었던 것이 가장 기억에
남습니다. 한국의 라면과는 조금 다른 맛의 일본 라멘의
독특하고 구수한 맛을 잊을 수가 없을 것 같습니다.
또한 언어는 다르지만 같은 나이 또래라 쉽게 공감대가
형성되었고, 같이 K-POP 노래를 따라 부르며
이야기를 나눴던 것도 즐거운 경험이었습니다."

지원자 B 분석

- 수학여행을 해외 경험으로 정했다.
- 그곳에서 경험한 기억에 남았던
  일을 잘 설명했다.

지원자 C 예제:

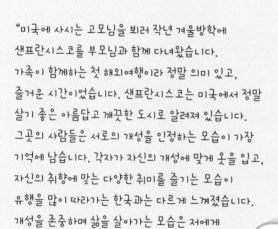

"미국에 사시는 고모님을 뵈러 작년 겨울방학에
샌프란시스코를 부모님과 함께 다녀왔습니다.
가족이 함께하는 첫 해외여행이라 정말 의미 있고,
즐거운 시간이었습니다. 샌프란시스코는 미국에서 정말
살기 좋은 아름답고 깨끗한 도시로 알려져 있습니다.
그곳의 사람들은 서로의 개성을 인정하는 모습이 가장
기억에 남습니다. 각자가 자신의 개성에 맞게 옷을 입고,
자신의 취향에 맞는 다양한 취미를 즐기는 모습이
유행을 많이 따라가는 한국과는 다르게 느껴졌습니다.
개성을 존중하며 삶을 살아가는 모습은 저에게
신선한 충격이었습니다."

지원자 C 분석

● 외국에 있는 친척을 만나러 갔던 경험도 해외 경험에 해당될 수 있다.
● 그곳과 한국에 대해 다르게 느낀 점을 잘 설명했다.

지원자 D 예제:

"여름 방학 때 국제 봉사활동으로 아프리카 가나를
가게 되었습니다. 국제기구에 일하시는 아버님을 따라
봉사활동을 참여하게 되었는데, 저에게는 의미 있는
경험이었습니다. 특히 연예인들이 아프리카 난민과 아이들을
위해 봉사활동을 하는 모습을 TV에서 본 적이 있는데, 막상
제가 가서 해보니 생각만큼 쉽지만은 않았습니다.
하지만 진정한 나눔과 사랑의 의미 그리고 나의 작은 노력이
그들에게는 큰 도움이 된다는 사실에 성취감과
더 큰 노력의 결실을 깨달았습니다."

지원자 D 분석

- 해외 봉사활동을 가게 된 계기를 설명했다.
- 이 경험을 통해 느낀 바를 잘 표현했다.

🌱 학교생활에 특별히 기억 남는 것이 없다면 혹시 해외 경험
은 있으신가요?
외국여행이나 연수 경험에 대해 이야기해 보세요.

4. 서비스직업 경험 관련 질문

 1 아르바이트 : 서비스인으로 태어나다

아직 고등학교 재학 중이기 때문에 다양한 서비스 관련한 직업 경험을 가지고 있지 않더라도 무방하다.

서비스 직업 경험이란 아르바이트로 단기간 또는 방학 때만 했던 경험도 좋다.

예를 들면, 주말에 웨딩홀에서 서빙하는 일, 편의점, 맥도널드 같은 패스트푸드 음식점 등에서 일한 것 모두가 서비스 관련 직업이다.

또한 서비스 관련 경험을 통해 본인의 적성이 이 분야와 잘 맞는지 스스로를 평가해 볼 수도 있다.

이런 경험을 통해 느낀 점과 배운 점은 미래 직업 선택에 좋은 영향을 줄 수 있다.

만약 서비스 관련 직업적 경험이 없다면 지금 도전해 볼 필요성이 있다.

그 경험을 통해 서비스인으로 여러분들은 다시 태어나는 것이다.

경험은 청소년 여러분의 적성을 스스로 찾는 기회가 될 것이다.

미래에 승무원을 꿈꾸는 여러분들은 새로운 것을 경험하는 것을 절대 두려워 해서는 안 된다.

① 서비스 관련 직업은 아르바이트 또는 단기간 해 본 것이라도 좋다.
② 이런 경험을 통해 승무원의 직업이 적성에 맞는지 미리 짐작해 볼 수 있다.

실전연습

면접관 : 서비스 관련한
아르바이트 경험 있나요?
만약 있다면 그런
경험이 당신에게 어떤
영향을 주었나요?

지원자 A 예제:

"저는 방학 때에 패밀리 레스토랑에서 서빙하는 일을
아르바이트로 했었습니다. 비록 시간제로 일한 것이지만
저는 값으로 따질 수 없는 좋은 경험을 해보았다고
자부합니다. 이 경험을 통해 저 스스로가 다양한 사람들을
만나고 대하는 서비스 직업이 잘 맞는다는 것을 알게 되었고,
고객들이 원하는 것을 도와줄 때 저도 모르게 기쁨과 일에
대한 의욕이 더 커졌기 때문에 일을 즐기면서 할 수
있었습니다. 그래서 더 나아가 저의 미래의 직업을
서비스 분야 중 가장 전문적인 직업인 승무원을
선택하기로 결심하게 되었습니다."

지원자 A 분석

- 아르바이트 경험에 대한 자신의
  생각을 잘 표현했다.
- 미래의 직업 선택과 연관시켜 답
  변을 정리했다.

지원자 B 예제:

"저는 카페에서 주말마다 아르바이트를 합니다.
처음에는 다양한 음료를 만드는 방법에 대해 배우는 것이
흥미로워서 시작했습니다. 하지만 시간이 지날수록
서비스에 대한 좀 더 폭 넓은 경험과 지식을 쌓게 되었습니다.
특히 커피는 만드는 사람에 따라서 맛이 달라 질 수 있다는
사실에, 제 스스로가 좀 더 맛 좋은 커피와 서비스를 위해
노력하고 있습니다. 제가 노력하는 만큼 손님들이 맛있게
커피를 마실 수 있다는 사실이 저를 더 행복하게
만드는 것 같습니다."

지원자 B 분석

- 주말 아르바이트 경험을 잘 이야 기했다.
- 그 경험을 통해 느낀 점을 진심으 로 표현했다.

지원자 C 예제:

"얼마 전까지 주말마다 호텔 연회장에서 웨이트리스로 일했었습니다. 많은 하객들에게 음식을 빠른 시간 내에 서빙하는 일이라 정신적, 육체적으로 피곤하고 힘든 점도 있었습니다.
하지만 호텔에서 배울 수 있는 높은 수준의 서비스 스킬과 자세에 대해 알게 되었습니다. 팀원들과 매니저님들과 함께 도와가면서 일을 하다 보니, 자연스럽게 팀워크도 배우게 되고, 다른 사람들과 소통하는 방법도 알게 되었습니다. 저에게는 정말 값진 경험이었다고 생각합니다."

지원자 C 분석

- 호텔 연회장 아르바이트 경험은 좋은 예가 된다.
- 이 경험을 통해 배운 것을 정확히 알고 있다.

지원자 D 예제:

"저는 A-mart 에서 판매 사원으로 아르바이트를 한 경험이 있습니다. 마트 안에서 다양한 손님들을 만나고 친절하게 응대하고 설명하는 일이었습니다.
여러 사람들을 만나며, 그들의 취향이나 원하는 것에 맞게 물건을 골라주어 그분들이 만족하는 경우도 있었던 반면 물건을 환불하거나 불만을 제기하는 손님들도 있었습니다. 이런 저런 다양한 상황들을 경험하며, 예기치 못한 일에 대응하는 방법을 알게 되었고 이것은 제가 좀 더 유연성 있는 사람으로 성장하게 만들어 주는 계기가 되었습니다."

지원자 D 분석

- 마트 안에서 했던 일을 잘 설명했다.
- 이 일의 경험을 통해 발전하게 된 자신에 대해 잘 표현했다.

나만의 면접노트 만들기

🌱 서비스 관련한 아르바이트 경험이 있나요?
만약 있다면 그런 경험이 당신에게 어떤 영향을 주었나요?

② 기내 롤플레이(Role Play)

롤플레이란 원래 역할극이란 뜻을 가지고 있다. 항공서비스학과 또는 승무원 면접 질문에서 롤플레이는 기내에서 일어나는 상황에서 여러분이 어떻게 대처할 것인지를 답하는 것을 말한다.

실제로 기내에서 일어나는 상황을 경험해 보지 못한 여러분들에게 이런 질문을 하는 것이 어렵다고 생각될 수밖에 없다. 하지만 미래에 승무원이 되겠다고 생각하는 지원자들은 당연히 기내 상황에 대해 평소에 관심을 가지고 있어야 한다. 그렇기 때문에 롤플레이의 다양한 질문들을 접해 보고, 그 답들을 숙지하고 면접을 보러 가야 한다.

우선 롤플레이 질문에 답하는 요령을 확인해보자.

첫 번째로 롤플레이 질문은 상식을 발휘해서 답변을 하는 것도 좋지만, 기내에서 일어날 수 있는 상황에 대해 미리 어느 정도 숙지를 하고 있어야 한다.

두 번째는 승무원으로서의 서비스적인 마인드를 가지고 문제를 해결하고자 하는 의지를 답변에 담아야 한다.

마지막으로 남들과 다른 창의적이고 아이디어가 번뜩이는 답변도 좋은 답이 될 수 있다. 기내의 상황은 언제 어떻게 수시로 변화될지 모르기 때문에 승객의 기분을 상하게 하거나, 회사 규정에서 벗어나지만 않는다면 새로운 아이디어로 예기치 못한 문제를 풀어 나갈 수 있을 것이다.

① 롤플레이 질문은 비행기 기내 상황과 연관된 것이다.
② 단순한 상식만을 이용한 답변보다 기내 상황에 대한 이해를 바탕으로 답변을 준비하는 것이 좋다.
③ 서비스마인드를 보여 줄 수 있는 답변이나, 창의력이 뛰어난 대안을 제시하여 승객의 문제를 해결해 주는 모습이 담겨 있는 답변이 좋다.

Q: 승객이 비행기 화장실 안에서 담배를 피운다면 어떻게 대처하시겠습니까?

A: "승객이 화장실 안에서 담배를 피운 것을 발견한다면 우선 그 승객에게 기내 안에서의 흡연은 엄격하게 금지된다는 것을 알려 드리고, 화장실 안에서 담배 꽁초가 잘 꺼졌는지 확인을 하겠습니다. 기내 안에서 금연인 이유에 대해서 안전을 위해서라는 것을 잘 설명을 드리고 최대한 그 상황을 이해 시키도록 노력하겠습니다. 그리고 담배 대신에 마실 커피나, 음료가 필요하신지 물어보고 가져다 드리겠습니다. 그 후 다른 동료들과 그 승객에 대한 정보를 공유하여 그 승객이 다시 담배를 피우지 않도록 주의를 기울이도록 해야 합니다."

Q: 술 취한 승객이 계속 술을 달라고 하면 어떻게 대처하시겠습니까?

A: "술 취한 승객이 술을 계속 달라고 한다면, 우선 승객과의 대화를 통해 어느 정도 취한지를 가늠한 후 한 잔 정도만 술을 더 드리겠다고 말하는 것이 좋습니다. 술이 아예 없다고 거짓말을 하거나, 술이 취하셨으니 더 이상 제공되지 않는다고 하면 승객이 너무 기분 상할 수 있다고 생각합니다.

그러나 술을 제공하기에 앞서 승객에게 좀 더 도수가 낮은 와인이나, 맥주 또는 다른 음료를 추천하는 것도 하나의 방법입니다. 승객에게 술을 제공할 때는 가급적 안주거리가 될 수 있는 땅콩이나 스낵을 제공하거나, 물을 같이 제공하여 술 마시는 속도를 늦추도록 도와 주어야 합니다."

Q: 승객이 당신에게 데이트를 신청하면 어떻게 하시겠습니까?

A: "승객이 저에게 데이트를 신청한 것에 대해서는 호의를 보여주어서 감사하다는 표현을 하고, 그러나 남자친구가 있어서 안되겠다는 식으로 핑계를 대어 데이트를 거절하는 것이 좋습니다. 끈질기게 연락처를 물어 본다면, 비행이 바로 있어 연락이 안될 것 같으니, '명함을 주시면 시간 날 때 연락을 드리겠다.'라고 말하는 것이 좋을 것 같습니다. 그 승객의 기분을 상하게 할 필요는 없기 때문에 내리실 때까지 최선을 다해 좀 더 좋은 서비스를 제공하여 항공사에 대해 좋은 이미지를 갖게 해야 된다고 생각합니다."

Q: 승객이 당신의 엉덩이를 만지면 어떻게 하시겠습니까?

A: "이런 일이 저에게 일어난다면 굉장히 당황스럽겠지만, 침착함을 잃지 않고 그 승객이 저에게 무언가를 요청하기 위해 부른 것이라고 생각하겠습니다. 그 승객에게 필요하신 것이 있으신지 물어 본 후, 만약 아니라고 한다면 추후에 필요하신 것이 있으실 때는 콜벨을 누르시면 된다고 친절하게 안내해 드리겠습니다. 그럼 그 승객은 오히려 민망하기 때문에 그런 실수를 다시 하지 않으실 거라고 생각됩니다."

Q: 아이가 계속 우는데, 그 옆에 앉아 있는 다른 승객이 불평을 말씀한다면 그 상황을 어떻게 대처하시겠습니까?

A: "아이가 울 때는 아이의 부모님에게 아이에게 어떤 문제가 있는지 물어 그 상황을 파악하도록 해야 합니다. 아이의 상태에 따라 부모님이 아이를 잘 돌볼 수 있도록 도와주는 역할을 우리가 해야 합니다. 소란함에 불평을 하신 승객분에게 그 부모님을 대신해서 사과하고, 양해를 구해 다른 좌석으로 옮겨 드리는 것이 가장 좋은 방법입니다."

Q: 승객이 담요를 가지고 간다면 어떻게 하시겠습니까?

A: "담요는 항공사의 자산이기 때문에 기내 밖으로 반출이 허용되지 않습니다. 승객이 이런 것을 가져가려는 이유는 보통 무엇인가 기념이 될 만한 것을 원하기 때문이라고 들었습니다. 승객에게 담요는 회사의 물건이므로 가져가실 수 없는 상황에 대해 설명 드리고, 대신해서 기념품으로 제공될 수 있는 볼펜이나, 엽서 같은 것을 드리는 것이 좋을 것 같습니다."

Q: 일반석 승객이 일등석 기내식사를 달라고 하면 어떻게 하시겠습니까?

A: "일반석 승객에게 상위 클래스의 음식이 제공되는 것은 허용되지 않습니다. 이렇게 요청하는 승객은 분명 음식에 불만이나 문제가 있는 경우라고 생각되므로, 그 문제가 무엇인지 파악하는 것이 가장 중요합니다. 그리고 승객이 원하는 것에 따라 대체할 수 있는 다른 음식을 찾아서 제공하는 것이 좋습니다. 상위 클래스의 음식도 승객 숫자에 딱 맞게 탑재가 되므로 남는 음식이 없어 제공되기 힘들다고 설명을 잘 해야 합니다."

Q: 만약 승객이 안이 덥다고 불평하시면 어떻게 하시겠습니까?

A: "승객이 기내 안이 덥다고 하면 우선 입고 있는 자켓이나 겉옷이 있으면 벗으시라고 권유하고 옷을 옷장 안에 걸어 주거나, 선반 안에 보관해 드립니다. 그리고 시원한 음료를 얼음과 함께 제공해 드리는 것이 좋습니다. 또한 선임 승무원에게 보고를 하여 기내 온도를 적정하게 조절할 수 있도록 해야 합니다. (반대로 춥다고 하면 여분의 담요와 따뜻한 음료를 제공한다)"

Q: 승객이 비행기 연착상황에 대해 불만을 제기한다면 어떻게 하시겠습니까?

A: "비행기가 연착된 상황은 대부분 기상악화나, 공항의 상황 같은 불가항력적인 경우가 대부분입니다.

이런 상황에 대해서는 승객에게 최대한 이해할 수 있도록 설명을 하고, 앞으로 얼마나 더 기다려야 되는지에 대한 정확한 정보를 사무장님이나 조종사에게 확인하여 알려 드리겠다고 하는 것이 좋습니다. 그밖에 승객을 진정시키기 위해 음료를 제공하거나, 사무장님께 알려 직접 대화를 나누도록 해드리는 것도 하나의 방법입니다."

5. 기타 질문

📍 황당한 꼬리 질문과 그 답변의 비밀카드

지금까지는 항공서비스학과 면접에서 나올 수 있는 가장 기본적인 질문들에 대해 답변하는 방법들을 예문을 통해 알아 보았다.

이제부터는 그 이상의 꼬리 질문과 예상치 못했던 질문들을 모아 놓았다.

이 질문들을 미리 알고, 답변에 대해 생각을 해보고 간다면 면접장에서 크게 당황하는 일은 없을 거라고 예상된다.

Q: 고객만족에 대해서 말해보세요./ 고객맞춤 서비스란 뭐라고 생각하십니까?/ 본인의 서비스마인드에 대한 생각.

A: "예전에는 After서비스로도 고객이 만족감을 느끼셨지만, 지금은 Before서비스가 더욱 중요하다고 생각합니다. 고객이 부르셔서 요구하시는 것을 해드리는 것은 시중의 역할과 비슷하다고 생각하지만 제가 먼저 고객을 파악하고 고객이 요구하시기 전에 가져다 드리는 것이 고객만족을 위한 서비스라 생각합니다."

나만의 면접노트 만들기

Q: 팀워크에 대한 본인의 생각은 무엇입니까?

A: "승무원 일의 특성상 팀워크가 중요한 요소라고 생각합니다. 팀워크를 발휘하여 일을 한다면 제가 부족한 부분을 채울 수 있고 모르는 것이 있다면 배울 수 있기 때문에 팀워크를 발휘하여 일을 한다면 더욱 좋을 것 같습니다."

나만의 면접노트 만들기

Q: 자신을 악기에 비유한다면 어떤 악기, 그 이유

A: "사람들이 흔히 악기라고 하면 피아노, 바이올린, 첼로 같은 것을 생각합니다. 하지만 저는 지휘봉을 하나의 악기라고 생각합니다. 왜냐하면 지휘봉은 모든 악기들이 같이 연주될 때 그 악기들을 악보에 따라 제대로 안내해 주는 리더 역할을 하기 때문입니다. 제가 ○○ 대학 항공서비스학과에 입학한다면, 지휘봉 같은 역할을 하는 진취적인 학생이 되어 열심히 학문을 갈고 닦고 타의 모범이 되겠습니다."

나만의 면접노트 만들기

Q: 만약 승무원이 된다면, 기내식으로 추천하고 싶은 식단

A: "저는 대한항공의 대표적인 기내식은 비빔밥을 추천해 드리고 싶습니다. 비빔밥은 균형적인 식단과 유기농채소를 이용하여 고객의 건강까지 생각했다는 점에서 차별화된 서비스를 제공하기 때문입니다. 뿐만 아니라 비빔밥을 드실 때 레드와인을 추천해 드리고 싶습니다. 왜냐하면 비빔밥의 매운맛과 레드와인의 떫떠름한 맛이 조화를 이룰 수 있고 와인이 소화를 증진시키는 작용이 있기 때문에 이렇게 추천해 드리고 싶습니다."

나만의 면접노트 만들기

Q: 승무원이란? 승무원이란 어떤 직업일까?

A: "승무원은 서비스업 중의 최상의 서비스를 제공하는 직업이라 생각합니다. 또한 비행스케줄에 따라 비행하고 세계 여러 고객을 만날 수 있어서 매력적인 직업이라 생각합니다. 규칙적인 생활을 할 수 없지만 개인시간만 잘 활용한다면 자기계발 및 취미생활을 할 수 있어서 좋은 직업이라 생각합니다."

나만의 면접노트 만들기

Q: 미소의 중요성에 대해 설명해 보세요.

A: "커뮤니케이션을 할 때 언어의 비중은 20~30% 정도이고 보디랭귀지의 비중이 더 큽니다. 보디랭귀지 중 가장 큰 부분을 차지하는 얼굴 표정은 미소입니다. 커뮤니케이션을 할 때 아름답고 편안한 표정으로 미소 짓고 있다면 주변의 모든 사람들과 좋은 관계를 유지할 수 있을 것입니다."

나만의 면접노트 만들기

Q: 가장 아끼는 물건, 그 이유는?

A: "저는 친구가 직접 녹음해서 준 CD입니다. 그 친구는 외교관의 꿈을 이루기 위해 유학을 가게 되면서 저에게 승무원의 꿈을 꼭 이루어서 만나자는 격려의 내용을 녹음해 주었습니다. 저는 힘들 때마다 이 면접을 준비하는 과정에서 걱정이 생길 때마다, 그 친구의 CD를 들으면서 항상 힘을 얻기 때문에 가장 아끼는 물건입니다."

나만의 면접노트 만들기

Q: 자신만의 슬픔극복법 또는 스트레스 푸는 방법은 무엇인가요?

A: "저는 활동적인 운동인 수영과 조깅을 통해 스트레스를 풉니다... 수영과 조깅을 하면 엔돌핀이 증가하여서 스트레스를 풀 수 있고, 체력 또한 강화할 수 있기 때문에 좋습니다... 슬픔을 극복하는 방법도 마찬가지라고 생각합니다. 몸을 움직여서 머릿속의 부정적인 생각들을 떨쳐 버리고, 마음을 편안하게 가지도록 노력합니다."

나만의 면접노트 만들기

Q : 놀이공원의 청소부, 안내원, 티켓팅하시는 분들 중에 누가 가장 중요하다고 생각하나요?

A : "저는 청소부, 안내원, 티켓팅 하시는 분들 모두 다 중요하다고 생각합니다.
청소부는 놀이동산의 쾌적한 환경을 위해 일하실 것이고, 안내원은 놀이동산에 처음 온 사람들에게 도움을 줄 수 있습니다. 티켓팅하는 분들은 놀이동산에 입장하기 위해 표를 끊어주는 역할을 해야 합니다. 고객에게 만족을 드리기 위해서는 모든 부분이 완벽하게 협동이 이루어져야 되기 때문에 각자의 일을 분담해서 효율적으로 운영되고 있으므로 어느 한 분야라도 빠지면 고객에게 만족스러운 서비스를 제공하기 힘들다고 생각합니다."

나만의 면접노트 만들기

항공서비스학과 면접관이 알려주는 면접질문 종합선물세트

1. 최근에 기억에 남는 신문기사 한 가지는 무엇인가요?

2. 면접이 끝나면 무엇을 제일 하고 싶은가요?

3. 내신성적이 더 중요할까요 ? 면접이 더 중요할까요?

4. 승무원이 되면 처음으로 가고 싶은 나라가 어디인가요?

5. 좋아하는 항공사 광고는 무엇인가요? 그 이유는요?

6. 자신의 이상형은?

7. 좋아하는 과목은 무엇인가요? 싫어하는 과목은 무엇인가요?

8. 승무원이 되기 위한 조건, 가장 중요한 자질은 무엇이라고 생각하나요?

9. 합격해서 이 대학에 들어오면 어떤 마음가짐으로 공부할 것인가요?

10. 합격해서 들어오면 무엇을 가장 먼저 하고 싶은가요?

11. 항공서비스학과에 들어오기 위해 어떤 노력을 했나요?

12. 가장 감명깊게 읽은 책은 무엇인가요?

13. 스마트폰의 장단점은 무엇이라고 생각하나요?

14. 자신의 얼굴 중 가장 자신있다고 생각하는 부분은?

15. 살면서 가장 슬펐던 순간은 언제인가요? 가장 기뻤던 순간은 언제인가요?

16. 10년 후 자신의 모습에 대해 생각해 본 적 있나요?

17. 가장 좋아하는 음식은 무엇인가요?

18. 영어공부는 평소에 어떻게 하나요?

19. 남자친구는 있나요? 있다면 남자친구의 가장 좋은 점은 무엇인가요?

20. 우리 학교에 대한 첫느낌이 어떤가요?

📍 모의 면접 Check List-표 첨부

아래의 표는 실제 항공서비스학과 입시 면접에서 사용되는 것을 토대로 만들어짐.

✈ 한국어 인터뷰

A. 인사법					
1. 인사동작	아주 좋음	좋음	보통	나쁨	아주 나쁨
2. 시선처리	아주 좋음	좋음	보통	나쁨	아주 나쁨

B. 바른 자세					
1. 선 자세	아주 좋음	좋음	보통	나쁨	아주 나쁨
2. 걷는 자세	아주 좋음	좋음	보통	나쁨	아주 나쁨

C. 질의 응답 시					
1. 답변 시 시선처리	아주 좋음	좋음	보통	나쁨	아주 나쁨
2. 정확한 발음구사	아주 좋음	좋음	보통	나쁨	아주 나쁨
3. 표정처리/미소	아주 좋음	좋음	보통	나쁨	아주 나쁨
4. 언어 표현 능력	아주 좋음	좋음	보통	나쁨	아주 나쁨
기타 지적 사항					

☞ 해당 부분에 ○하여 표시한다.

✈ 용모, 그루밍

A. 메이크업				
1. 피부 청결	아주 좋음	좋음	보통	나쁨	아주 나쁨
2. 눈썹 모양	아주 좋음	좋음	보통	나쁨	아주 나쁨
3. 색조 화장	아주 좋음	좋음	보통	나쁨	아주 나쁨

B. 면접 복장				
1. 상의	아주 좋음	좋음	보통	나쁨	아주 나쁨
2. 하의	아주 좋음	좋음	보통	나쁨	아주 나쁨

C. 액세서리				
1. 구두	아주 좋음	좋음	보통	나쁨	아주 나쁨
2. 스타킹	아주 좋음	좋음	보통	나쁨	아주 나쁨
3. 시계	아주 좋음	좋음	보통	나쁨	아주 나쁨

D. 헤어				
1. 머리 모양	아주 좋음	좋음	보통	나쁨	아주 나쁨
2. 정돈 상태	아주 좋음	좋음	보통	나쁨	아주 나쁨

기타 지적 사항

☞ 해당 부분에 ○하여 표시한다.

Chapter **4**

항공서비스학과
영어면접
기출문제

1. Self-Introduction

　사람을 만나게 되었을 때 첫인상도 중요하지만, 그 사람의 자기소개를 하는 그 말 한마디 한마디를 통해 그 사람에 대해 느끼고 판단할 수 있다. 그래서 항공서비스학과 입시 면접에서도 자기소개를 준비해 가는 것은 필수이자, 자기소개를 면접관의 기억에 남게 만들 수 있어야 한다. 그렇다면 면접 시 자기소개에서 꼭 해야 할 말은 무엇일까? 앞서 한국어 자기소개 하기에서 다양한 예문들을 경험하신 여러분들은 이 질문에 대한 답을 금방 눈치채셨으리라고 생각된다. 이 세상의 모든 시험이 다 그렇듯이, 문제에는 반드시 출제자의 의도가 숨겨져 있기 때문에, 출제자의 의도만 꿰뚫는다면 문제는 저절로 풀린다. 그런데 출제자의 의도를 무시하고 자기 마음대로 답안을 쓰면, 합격으로 연결되지 않는 당연한 결과를 불러오고 만다. 그렇다면 자기소개를 영어로 질문하였다면 면접관이 "Could you tell me something about yourself"라고 물어볼 것이다. 이 질문을 통해 면접관은 당신에게 무엇을 알고 싶어하는 것인지를 답변을 하기 전에 우선 생각해야 한다. 자기소개라는 것은 대단히 추상적이며 넓은 의미를 포괄하고 있는데, 혈액형에 관한 이야기도, 이름에 얽힌 사연도, 어릴 때의 추억도, 출신지에 대한 이야기도, 자신의 별자리에 관한 이야기도, 자신에 관한 일이라면 모두가 자기소개의 소재가 될 수 있다. 물론 이런 것들도 자기소개임은 틀림없지만, 면접의 자기소개라는 조건이 붙으면 면접관이 지원자에게 알고 싶은 내용과 연결성이 있어야 한다. 면접의 자기소개는 한마디로 '당신은 지금까지 무엇을 해왔는가?'라고 정의 내릴 수 있다.

　특히 최근 2~3년 사이에 무엇을 하며, 어떻게 살아왔는가를 의미한다. 즉, 여러분들이 고등학교 재학시절에 무엇을 하고, 어떤 생각을 하면서 보냈는지를 정리해서 답변을 하면 좋은 답이 될 수 있다. 그리고 한 가지 주의해야 될 점은 영어 자기소개는 한국어 자기소개처럼 은유적인 표현을 사용하기보다는 객관적 사실을 바탕으로, 경험한 것과 생각한 것을 설명하는 형식을 띠는 것이 가장 좋다.

다음은 영어면접에서 자기소개를 질문할 때 나올 수 있는 표현들이다.
Tell me about yourself: 를 아래와 같이 물어 볼 수도 있다.

> • Would you introduce yourself?
> • Could you tell me about yourself?
> • What can you tell me about yourself?

영어 자기소개 구성은 크게 3부분으로 나뉘어진다. 도입부분과, 자기소개
본문 그리고 마무리로 구성되어 있다.

도입부분

자기소개를 바로
시작하기보다는
긴장을 풀고, 면접관
에게 긍정적 이미지를
심어 주기 위해서 인사
와 자기의 이름과 함께
인터뷰 기회를 가지게
된 것에 대해 감사와
기쁨을 표현한다.

지원자 A 예제:

"First of all, please meet you. I'm ○○○.
Thank you for having me today for an interview."

우선 만나게 되어서 기쁩니다. 저는 누구입니다.
오늘 인터뷰를 하게 된 것에 대해 감사합니다.

영어에서는 인사할 때 감정 표현을 자연스럽게 많이 사용한다. 한국어로 자기소개할 때는 이런 표현을 쓰면 어색해질 수 있으므로 주의한다.

지원자 B 예제:

"Good-afternoon, My name is ○○○.
I am very happy to be here for an interview."

안녕하세요?(좋은 오후입니다.) 저의 이름은 000입니다.
저는 여기에서 인터뷰를 보게 된 것이 너무 행복합니다.

지원자 C 예제:

"I'm very pleasure meet you. I am ○○○.
I'm excited to be here to introduce myself."

만나뵙게 되서 정말 기쁩니다. 저는 000입니다.
저 자신을 여기서 소개할 수 있다는 것이 흥분됩니다.

지원자 D 예제:

"Hello? How are you today? I'm ○○○
Thank you for giving me the opportunity to introduce myself."

안녕하세요? 저는 ○○○입니다.
오늘 저 자신을 소개할 수 있는 기회를 주신 것에 대해 감사드립니다.

자기소개 본문

지원자 A 예제:

"First of all, please meet you. I am Eun Sook Yoon. I am attending Seoul high school. During school days, I was class representative and English Drama Club leader. Those experience make me developed leadership and interpersonal skills. As well as I consider myself as a person who likes meeting various people and challenges. I enjoy talking with people and I am willing to try something new. So I found that cabin crew job is good for me.

The reason why I am applying for '○○ college' in cabin service management."

우선 만나뵙게 돼서 기쁩니다. 저의 이름은 윤은숙 입니다. 저는 서울 고등학교에 재학 중입니다. 학교생활 동안 학급 대표와 영어 드라마 동아리 리더로 활동했었습니다. 이런 경험이 저의 지도력과 대인관계 기술을 발전시키게 만들어 주었습니다. 또한 제 자신에 대해 생각할 때 저는 다양한 사람들을 만나는 것과 도전하는 것을 좋아합니다. 저는 사람들과 이야기는 하는 것을 즐기고, 뭔가 새로운 것을 하는 것을 기꺼이 하는 편입니다. 그래서 제 자신이 승무원이라는 직업에 적합하다는 것을 발견했습니다. 그런 이유로 저는 지금 ○○ 대학 항공운항서비스학과에 지원합니다.

지원자 A 분석

- 직접적인 인사 대신 만나서 반갑다는 표현을 사용했다.
- 학교생활 중 장점이 될 수 있는 부분을 예로 들었다.
- 자신의 강점이 무엇인지 잘 설명했다.
- 자신의 성향이 승무원의 직업과 잘 맞는다고 어필했다.

지원자 B 예제:

"Good -afternoon, My name is Ji-yeon Kim.
I am very happy to be here for an interview. I will be
graduating Seoul high school. I really enjoyed English.
I have been to Canada for taking language course in
winter vacation last year. It was a great opportunity to
learn English and different culture. I am very interested
in foreign language and understand their life style.
Through this, I can say I become more open-mined
person. As a flight attendant needs to have this
personality, so I'm sure that I could show a great
attitude in the future. I'm preparing to achieve
my goal with following competent professional's
instruction in ○○ university."

지원자 B 분석

- 안녕하십니까? 라는 뜻은 영어 오후 인사(좋은 오후입니다)를 했다.
- 학교과목 중 가장 좋아하는 과목에 대한 언급과 그와 연관한 해외 연수 경험을 통해 배운 것을 잘 설명했다.
- 자신의 강점과 승무원의 직업과의 연관성을 잘 설명했다.
- 마무리로 지원동기를 간단하게 정리해서 말했다.

안녕하세요?(좋은 오후입니다.) 저의 이름은 김지연입니다. 오늘 인터뷰를 하기 위해 이 자리에 있게 된 것이 너무 행복합니다. 저는 서울고등학교를 곧 졸업할 예정입니다. 저는 영어를 가장 즐기면서 공부했습니다. 캐나다에 어학연수를 위해 지난 겨울 다녀왔습니다. 그것은 제가 영어 공부뿐만 아니라 다른 나라의 문화를 배울 수 있게 된 좋은 기회였습니다. 저는 외국어에 관심이 매우 많고 그들의 삶의 방식을 이해합니다. 이것을 통해 제 자신이 열린 마음의 사람이라고 말할 수 있습니다. 승무원들은 이런 성향이 필요하다고 생각합니다. 그래서 저는 미래에 좋은 자세를 보여 줄 수 있을 거라고 확신합니다. '○○ 대학교'의 유능한 교수님들의 배움에 따라가면서 저의 목표를 이루기 위해 준비할 것입니다.

지원자 C 예제:

"I'm very pleasure meet you. I'm Min-kyoung Lee. I'm excited to be here to introduce myself.

I'm studying at Seoul high school. I have a various part time job experience in service field, even though I'm a high school student. I used to work at Hyatt Hotel wedding hall as a waitress, family restaurant server and Café barista. That gave me valuable experience and helped me develop customer handling skill and service mind set. So I decided to choose my major which is air service management owing to become a cabin crew in '○○ college'."

지원자 C 분석

- 서비스 관련한 경력을 강점으로 부각시켰다.
- 그런 경험을 통해 배우고 느낀 것을 잘 설명했다.
- 면접 비중이 가장 큰 전문학교나, 몇 개 대학의 면접에서는 이런 자기소개가 유리하다. (Chapter 1. 2. 항공 서비스학과 입시요강 참고)

만나 뵙게 되어서 무척이나 기쁩니다. 저의 이름은 이민경입니다.

제 자신을 이곳에서 소개할 수 있게 되어서 흥분됩니다.

저는 서울 고등학교에서 공부하고 있습니다. 저는 고등학생임에도 불구하고, 서비스분야의 다양한 아르바이트 경험이 있습니다. 저는 하얏트 호텔 웨딩홀에서 웨이트리스로 일했었고, 패밀리 레스토랑에서 서버로 일했으며, 카페에서 바리스타로 일했었습니다. 이것은 저에게 가치 있는 경험이었고, 고객을 대하는 기술과 서비스마인드를 발전시키는 데 도움을 주었습니다. 그래서 저는 승무원이 되기 위해 ○○ 대학교의 항공서비스학과를 전공으로 선택하기로 결정했습니다.

지원자 D 예제:

Hello? How are you toady? I'm Yena Lee.

Thank you for giving me the opportunity to introduce myself.

I'm attending at Seoul high school. I am a kind person who sociable, friendly and warm-hearted.

So I am interested in work with various people and help others. From my school life, I was actively participated in volunteer club. I have learned how to help people and small effort makes big difference.

That's why I believe I would be satisfied with cabin crew job because it is group works and help many people. So I hope to join '○○ university' in department of airline service.

지원자 D 분석

- 자신의 성격의 긍정적 측면을 보여 주었다.
- 성격과 연관하여 관심 있는 분야가 무엇인지 잘 설명했다.
- 관심 있는 활동을 승무원 직업의 특성과 잘 연관지어 주었다.

안녕하세요? 오늘 기분 어떠세요? 저의 이름은 이예나입니다. 제 소개를 할 수 있는 기회를 주신 것에 대한 감사 드립니다. 저는 서울 고등학교에 재학 중입니다. 저는 사교적이고, 친절하고 그리고 따뜻한 마음을 가진 사람입니다. 그래서 저는 다양한 사람들과 일하는 것과 다른 사람들을 돕는 것에 대해 관심이 있습니다. 학교 생활에서, 저는 봉사활동 동아리에 적극적으로 참여했었습니다. 저는 다른 사람들을 돕는 방법을 배웠고, 작은 노력이 큰 다른 부분을 만들어 낼 수 있다는 것을 배웠습니다. 그래서 저는 승무원이라는 직업에 만족할 수 있다고 생각하는데 왜냐하면 이것은 다같이 하는 일이고, 많은 사람들을 돕는 일이기 때문입니다. 그래서 저는 ○○ 대학교의 항공서비스 전공부분에 입학할 수 있기를 희망합니다

나만의 답변노트 만들기

🪴 "Could you tell me about yourself"

2. Personality / Strengths & Weakness

　면접관이 지원자의 장점을 궁금해 하는 것은 지원자가 항공서비스학과에 입학 후 학업을 잘 수행할 수 있을지와 추후 승무원이 되었을 때 직업을 수행할 수 있는 능력이나 성향을 갖추었는지 잠재력을 판단하기 위함이다.

　우선 장점은 한 가지를 이야기하기보다는 연관성이 있는 여러 가지의 장점으로 어필하는 것이 더 좋다. 자신의 장점이 '친절함'이라면 '따뜻한 마음을 가지고 있고, 다른 사람을 돕는 것을 좋아한다.'라는 것처럼 서로 연관성 있는 것으로 자신의 장점을 설명하면 그 좋은 느낌을 배가시킬 수 있다.

　또한 단점을 묻는 이유는, 항공서비스학과를 지원하는 학생들이 관련 전공을 수행하기에 적합한 성향과 적성에 저해되는 요소를 가지고 있는지 면접관이 객관적으로 판단하기 위함이다. 아무리 뛰어난 학업 성적과 수능 점수를 가지고 있다 하더라고 항공서비스학과라는 특수성을 가지고 있는 학과에 적응할 수 없는 사람이거나 적성이 맞지 않는다면 대학생활이 힘들 수 있기 때문이다.

　특히 단점을 이야기할 때는 거짓말을 하지 않는 것이 매우 중요하다.

　본인이 어떻게 그 단점을 보완하려고 노력하는지는 설명이 필요하며, 단점을 다른 각도로 보았을 때 긍정적으로 해석할 수 있다는 것을 설명한다면 면접관의 마음에 꼭 들 것이다.

　이 세상에 단점을 가지고 있지 않은 사람은 없다고 단언한다. 단점은 신체적 결점이나, 외모에 대한 콤플렉스가 아니라 성격적으로 추후 서비스업을 수행하기에 부족하다고 생각되는 부분을 언급하면 된다.

　영어면접에서 장단점에 관련된 질문, "What is your strengths & weakness?"를 다음과 같이 다양한 방법으로 물어 볼 수 있습니다.

- What kind of personality do you have?
- Could you tell me about your personality?
- What do you consider to be your strong assets and weak points?

Strength(장점) 예문

지원자 A 예제:

I have a strong sense of responsibility and good sense of humor. I am kind of person who knows what are the important duties. So I always try to make an effort to complete my job properly. As well as, I consider my team member and create a friendly atmosphere. My team member and classmates said that I have a great team work and they're willing to spend time with me because of my humor.

저는 강한 책임감을 가지고 있고, 유머감각이 뛰어납니다. 저는 중요한 책임이 무엇인지 아는 사람입니다. 그래서 항상 저의 일을 잘 마칠 수 있도록 최선의 노력을 다 합니다. 또한 저는 저의 팀원들을 배려하고, 팀원 간의 좋은 분위기를 만들 수 있도록 합니다. 저의 팀원들과 같은 반 친구들은 제가 강한 협동심을 가지고 있는 사람이고, 그들은 저의 유머감각 때문에 저와 시간을 보내기를 즐거워 한다고 말하곤 합니다.

지원자 A 분석

- 책임감과 유머감각이라는 서로 다른 장점을 서로 잘 연관시켰다.
- 다른 사람의 나에 대한 평가를 언급해 장점의 신뢰성이 느껴진다.

지원자 B 예제:

My strong points are positive, active and out-going personality. I usually try to see the bright side of any situation and about people around me. I can adjust myself into new circumstance and unexpected situation easily. And I'm good at getting along with people, so I do not have prejudice when meeting people from different school and background. That's why I am confident that I could mix well with the entire classmate.

저의 강점은 긍정적이고, 적극적이고 활달하다는 것입니다. 저는 주로 저의 주변사람과 어떤 상황에 대해서도 긍정적인 측면을 보려고 노력합니다. 저는 새로운 환경과 예기치 못한 상황에도 쉽게 잘 적응합니다. 그리고 사람들과 잘 어울리고, 그래서 다른 학교나 다른 배경을 가진 사람들을 만날 때 편견 같은 것은 가지지 않습니다, 그래서 저는 모든 같은 과 친구들과 잘 어울릴 수 있다고 확신합니다.

지원자 B 분석

- 장점의 비슷한 것끼리 묶어 주었다.
- 장점의 연관 단어에 대한 구체적 예로 설명했다.

지원자 C 예제:

I would say I have a good team work and a fast learner. I can be very cooperative with others in a group and clearly understand team-play. And I love to experience new things and environment.

Because I could find I enjoy challenging and learning quickly. When I deal with something new, I am exciting and happy about it.

저는 좋은 팀워크를 가지고 있고, 일을 빨리 잘 배운다고 말할 수 있습니다. 저는 단체 안에서 다른 사람들에게 협조적이고, 팀플레이가 무엇인지 정확히 이해하고 있습니다. 그리고 저는 새로운 것과 환경을 경험하는 것을 좋아합니다. 왜냐하면 제가 도전하는 것을 즐기고, 신속히 익힌다는 것을 발견할 수 있기 때문입니다. 무엇인가 새로운 일을 처리할 때, 저는 그것에 대해 흥미로워 하고, 행복해 합니다.

지원자 C 분석

- 좋은 팀워크를 가지고 있다는 장점에 대한 설명을 잘 했다.
- 무언가를 빨리 배운다는 장점에 대한 설명과, 그것에 대한 본인의 느낌을 잘 표현했다.

지원자 D 예제:

"I believe my strengths are good communication skills. I am not only a good listener but also good talker. I always try to listen others and show my respect to others opinion. So people trust me and they feel free to ask advice. Moreover, I could making them more comfortable and relax when they're taking with me."

저는 좋은 의사소통 능력을 가지고 있다고 확신합니다. 저는 잘 들어주는 것뿐만 아니라 잘 이야기할 줄 아는 사람입니다. 저는 항상 다른 사람의 이야기를 들으려고 노력하고, 다른 사람의 의견에 대해 존중하는 마음을 보여주려고 합니다. 그래서 사람들은 저를 믿고, 그들은 편안하게 조언을 구하곤 합니다.

게다가 그들이 저와 이야기할 때면, 저는 그들을 편안하게 해주고, 마음의 긴장이 없도록 만들어 줄 수 있습니다.

지원자 D 분석

- 의사소통 능력이 무엇인지 이해하기 쉽게 풀어서 설명했다.
- 자신의 장점이 인간관계에 미치는 영향까지 예를 적절히 들었다.

Weakness(단점) 예문

지원자 A 예제:

"My weakness is that I am not very good at saying no. Most people told me I am very nice and kind. So I wouldn't think it is not weak point. But I realized that sometimes it makes my job delaying and stressed myself. If I have to reject people's favor, I make a good excuse to don't feel people disappoint it."

저의 단점은 '안 된다'라는 말을 잘 하지 못하는 것입니다. 대부분의 사람들이 말하길 제가 착하고 좋은 사람이라고 합니다. 그래서 저는 이것이 큰 단점이라고 생각하지 못했었습니다. 하지만 이것이 저의 일을 지연시키고, 스스로 스트레스를 받는다는 것을 알게 되었습니다. 만약에 제가 다른 사람들의 부탁을 거절해야만 할 때는, 저는 사람들이 실망하지 않도록 거절의 핑계가 될 수 있는 것을 말하게 되었습니다.

지원자 A 분석

- 치명적이지 않은 단점을 골랐다.
- 단점이 아닌 것 같지만 왜 단점인지를 알려 주었다.
- 단점을 커버하기 위한 방법을 고민해서 답했다.

지원자 B 예제:

지원자 B 분석

"I tend to be overly concern when making a decision. People may think I show an indecisive attitude and I take too much time perform perfectly. But it makes me pay more attend even small detail and I never regret my decision. In addition to, I could get better results than others. Now I'm trying to find best way to complete my task."

- 마찬가지로 너무 심각하지 않은 단점을 말했다.
- 단점을 고치기 위한 노력이 아니라 대안을 보여 주었다.

저는 무언가를 결정할 때 지나치게 걱정하고 관여하는 경향이 있습니다. 사람들은 제가 우유부단한 태도를 보인다고 생각할 수 있고, 제가 일을 완벽하게 행하기 위해서는 너무 많은 시간이 걸립니다.

그러나 이것은 제가 작은 부분까지 집중할 수 있도록 만들어 주고, 제가 한 결정에 대해서 절대 후회하는 일이 없게 해 주었습니다. 게다가 저는 다른 사람들보다 더 나은 결과를 얻게 되기도 했습니다. 지금은 저의 목표를 잘 마칠 수 있는 최선의 방법이 무엇인지 찾기 위해 노력합니다.

지원자 C 예제:

"I'm afraid that I'm a bit straightforward. On the hand, it means I have a effective communication skill and honest. When people need to hear real feedback or true worthy advice, they often ask me.

Sometimes people could misunderstand about my personality, so I do not speak up before I think more and carefully. And I've realized that I should speak indirect way for do not making people upset."

저는 조금 직선적인 점이 걱정됩니다. 한편 이것은 제가 효율적인 의사소통 하는 기술과 솔직함을 가지고 있다는 뜻도 됩니다. 사람들이 진실된 반응이나, 가치 있는 조언을 듣길 원할 때는 저에게 종종 묻곤 합니다. 때때로 사람들이 저의 성격을 오해하기도 해서, 저는 좀 더 생각하고 신중하게 말합니다.

그리고 다른 사람의 기분을 상하지 않게 하기 위해 제가 돌려서 말해야 한다는 것도 깨달았습니다.

지원자 C 분석

- 단점이 강한 느낌이 들 수 있으나, 단점의 이면을 보여 주어 설득력이 있다.
- 보완하고 고치려는 노력을 보여 주었다.

지원자 D 예제:

"Maybe I push to much and spend too much energy in the early stage. When the beginning of job looks going well, but I feel tired easier. I should have more patience and giving myself little break time in the progressing. I'm trying to make sure that once in a while and enough time to achieve my task.

Moreover, I'm trying to do one task at a time rather than to solve everything at the same time. "

아마도 전 시작부터 너무 많은 힘을 다 써버리고, 제 자신을 다그치는 것 같습니다. 일을 처음 시작할 때 진행이 잘 되는 것 같이 보이지만 쉽게 지치곤 합니다. 저는 좀 더 인내심을 가지고, 일이 진행 되는 상황에서 저에게 약간의 쉬는 시간을 주어 야 된다고 생각합니다. 저는 저의 목표를 달성하 기 위해 약간의 여유 있는 시간을 가지려고 노력합니다. 게다가 저는 모든 것을 동시에 해결 하기보다는 한 번에 하나씩 해결하려고 노력 합니다.

지원자 D 분석

- 너무 지나치게 심각한 단점은 피했다.
- 단점 보완 방법으로 여러 가지 를 생각해서 말했다.

나만의 답변노트 만들기

🪴 What is your strengths and weakness?

 ### 3. Hobby / Interest

취미나 흥미 관련한 질문은 자주 등장한다. 그 이유는 그만큼 간단하면서도 지원자의 성향과 특성을 파악하기에 아주 좋은 질문이기 때문이다.

면접관은 이 질문을 통해 지원자와 함께 나눌 수 있는 관심거리나 화제를 찾으려고 한다. 지원자가 지속적으로 관심을 갖고 하는 일이 있다면 자신의 적성을 보여 줄 수 있다. 또한 지원자의 개인적인 관심분야나 취미가 지원분야와 직접적으로 관련이 있는지, 혹은 관련이 없다 하더라도 지속적인 취미 활동을 통해 습득한 기술이나 성향, 사람들과의 관계에서 어떻게 기여할 수 있는지를 파악하는 질문이다.

- What is your hobby?
- What do you do in your spare time?
- How do you spend your free time?
- What do you do when you meet your friends?
- What is your favorite movie?/ book?/ sport?

취미나 흥미거리와 관련한 질문들은 이렇게 다양한 방법으로 할 수 있다는 것을 미리 숙지하여, 면접 시 당황하지 않도록 한다. 취미가 무엇인지 직접적으로 묻지 않고, 친구들을 만나면 무엇을 하는지? 또는 좋아하는 영화가 무엇인지 묻는다고 해도 결국 그 질문의 속 뜻은 좋아하는 여가 활동이 무엇인가이다.

지원자 A 예제:

"My hobby is travelling and taking pictures. I have been backpack travelled to Europe, China and Japan with my parents in every summer vacation. During the time, I took a lot of picture to keep the memorable moments. After returning from the trip, I make photo book about that. I've got great memory and valuable experience.

저의 취미는 여행과 사진 찍기입니다. 매 여름 방학 때에 부모님과 유럽, 중국, 일본으로 배낭여행을 갔었습니다. 그 시간 동안, 기억에 남을 만한 순간을 간직하기 위해 많은 사진을 찍었습니다. 여행에서 돌아와서 사진첩을 만들었습니다. 저는 정말 좋은 기억을 갖고 가치 있는 경험을 했습니다.

지원자 A 분석

- 여행과 사진이라는 연관성 있는 취미를 같이 이야기했다.
- 취미를 통해 얻게 된 것에 대해 잘 설명했다.

지원자 B 예제:

"In my free time, I really enjoy doing yoga. I have been taking yoga class since last year. I think yoga is helpful for keeping good health condition. Usually I join the class in the evening so I can sleep well. And I feel relax mentally and physically."

시간이 날 때, 저는 요가하는 것을 즐깁니다. 저는 지난 해부터 요가수업을 듣고 있습니다. 제가 생각하기에 요가는 건강함을 유지하는 데 도움이 됩니다. 저는 보통 밤에 요가수업을 듣는데 그래서 잠을 잘 잡니다. 그리고 저는 정식적으로 그리고 신체적으로 긴장이 풀림을 느낍니다.

지원자 B 분석

- 요가를 취미로 선택한 것은 운동 종류 중에 하나이므로 매우 좋다.
- 요가의 장점을 간결하게 잘 설명했다.

지원자 C 예제:

"For fun, I often go skiing with my friends in winter and enjoying jet -ski in summer. I love outdoor sports and I am good at sport. We joined a ski club to meet various people and enjoy together.

So, I get to know many people with a common interest and we gather every weekend to go ski-resort."

지원자 C 분석

흥미를 위해 저는 종종 친구들과 겨울에는 스키장을 가고, 여름에는 제트스키를 즐깁니다. 저는 야외에서 하는 운동을 정말 좋아하고 그리고 저는 운동에 소질이 있습니다. 우리는 다양한 사람도 만나고, 같이 즐기기 위해 스키동호회에 가입하였습니다. 그래서 공통의 관심사를 가지고 있는 사람들도 많이 알게 되고, 우리는 매 주말에 스키장을 가기 위해 모임도 합니다.

- 계절에 따른 두 가지 취미를 연관 지어 이야기했다.
- 취미를 통해 갖게 된 인간관계를 설명했다.

지원자 D 예제:

"I love reading so much. I try to read all kind of books. Especially I like this kind of book which is self-improvement, leadership and communication skills. Those kind of book help me to gain broaden view and better perspective. My favorite book is 'Don't eat the marshmallow yet'. The story about if you really want to something, you could be wait until that time and have more patience for success.

This book reminds me of the importance of self-control."

저는 책 읽는 것을 정말 좋아합니다. 저는 모든 종류의 책을 다 읽으려고 노력합니다. 특히 저는 자기 계발서나, 리더십 그리고 의사소통 기술에 관한 책을 좋아합니다. 이런 종류의 책은 제가 좀 더 넓은 안목과 더 나은 식견을 가질 수 있도록 도움을 줍니다. 제가 가장 좋아하는 책은 '마시멜로 이야기' 입니다. 이 책의 내용은 만약 당신이 무엇인가 원한다면, 그 시간이 올 때까지 기다릴 줄 알아야 하고, 성공을 위해서 좀 더 참아야 한다는 이야기입니다. 이 책은 저에게 자제력의 중요성에 대해 다시 한 번 생각하게 했습니다.

지원자 D 분석

- 좋아하는 분야를 취미의 소재로 삼았다.
- 그 이유에 대해 잘 설명했다.
- 좋아하는 책 내용의 요지를 자신의 생각과 잘 연결시켰다.

나만의 답변노트 만들기

🪴 What is your hobby?

4. School Life

학교생활에 대한 답변을 준비하기에 앞서 자기소개가 완벽하게 준비되어 있다면 이 질문에 대한 답변은 걱정하지 않아도 된다. 앞서 설명한 것과 같이 학교생활에 대한 질문은 말 그대로 고등학교 재학 시절 동안 어떤 활동에 참여했고, 무엇을 경험했는지를 알아보고자 함이므로 이것에 대한 내용은 대부분 자기소개 안에 포함이 된다. 그렇다고 자기소개와 똑같이 학교생활에 대해 이야기하면 된다는 뜻이 아니라 자기소개 안에서 언급되었던 내용을 기반으로 답변을 준비하면 된다.

- Could you tell me about your school life?
- How was school life?
- Can you tell me about your extracurricular activities?

지원자 A 예제:

"I really enjoyed my school life. I think my high school life was the most exciting time in my life.

During the time, I did joined many different kind of activities, it was precious experience for me.

I was member of student association, broadcasting club and volunteering. I could share our interests with other students and help others who need our support. It helps me developed team work and interpersonal skill."

저는 학교생활을 정말 즐겼습니다. 제가 생각하기에 고등학교 시절이 제 인생에서 가장 즐거운 시간이었습니다. 그 시간 동안 저는 여러 가지 다른 활동들에 참여했었는데, 그것은 저를 위한 가치 있는 경험이었습니다. 저는 학생회, 방송반 그리고 봉사활동의 일원이었습니다. 저는 다른 학생들과 관심거리를 나누고, 우리는 도움이 필요한 사람들을 도와주었습니다. 그것은 저의 팀워크와 대인관계 기술을 발전시키는 데 도움을 주었습니다.

지원자 A 분석

- 두괄식 답으로 시작부분에서 학교생활에 대한 느낌을 긍정적으로 답변했다.
- 구체적으로 학교생활에서 참가한 활동들에 대해 언급을 했다.

지원자 B 예제:

"During school days, I had a great memory in International Student Camp. The camp was for gathering international 'Girl Scouts' member in Korea. I was leader of 'Girl Scouts' so I should join the event with club member. I am interested in foreign cultures and language so I was so excited to meet foreign students at the Camp. Many foreign students are interested in 'Hanryu', I taught them K-pop and Korean. We become a close friend and still keep in touch."

학교생활 동안 저는 국제학생 캠프에 참가했던 좋은 기억이 있습니다. 그 캠프는 국제적인 걸스카우트 일원들이 한국에서 모인 것이었습니다. 저는 걸스카우트의 단장이었기 때문에, 걸스카우트 동아리 일원들과 그 행사에 참여해야만 했습니다. 저는 외국문화와 언어에 관심이 많아서 그 캠프에서 외국학생들을 만난다는 것이 흥분되었습니다. 많은 외국학생들은 '한류'에 관심이 많았기에 제가 한국가요와 한국어를 가르쳐 주었습니다. 우리는 가까운 친구가 되었고, 여전히 연락하고 지냅니다.

지원자 B 분석

- 고등학교 재학시절 가장 기억에 남는 것 하나를 골라서 이야기 했다.
- 그 경험을 통해 배운 것이 무엇인지 정확히 알고 있다.

지원자 C 예제:

"I am deeply interested in learning foreign language.
I choose Chinese as a second language and studying
Japanese and English. Especially I was focused on
English spoken skill during school life. Because
I think English communication skill is important
working as a cabin crew. In the future, I will
communicate to use my language skill for
foreigner passenger without too much difficulty.
Furthermore, I'm keep studying many different
languages and practicing more than before."

저는 외국어를 배우는 데 정말 관심이 많습니다. 제2
외국어로 중국어를 선택했고, 일본어와 영어도 공부
하고 있습니다. 특히 학교생활 동안 영어 회화 구사
능력에 집중해서 하고 있습니다. 왜냐하면 영어 의
사소통 능력은 승무원으로 일하는 데 중요하다고
생각하기 때문입니다. 미래에 저는 저의 언어 능
력을 살려 외국 승객들과 큰 어려움 없이 대화할
것입니다. 더 나아가 저는 많은 다른 언어를 계
속 공부하고 전보다 더 연습할 것입니다.

지원자 C 분석

- 자신의 관심 분야가 무엇인지 잘
  알고 있다.
- 학교생활 중 가장 열심히 했던 어
  학공부와 미래의 승무원의 직업
  을 연관지어 말했다.

지원자 D 예제:

"I am sure that school days was most challenging time and achieved many things.

The most achievement I've made the highest profit for the school festival. I was a member of the photo club. Myself and club member made the plan for preparing school festival in one month advance. We decided to show student's photo and sell hand-made postcard. All the stuff is from our photographic trip. The post-card was sold out and get lot of profit. Also we donate profit for club organization."

저는 학교생활이 저에게 가장 도전되고, 무언가 성취한 것이 많은 시간 이었다고 확신합니다.

가장 큰 업적은 학교 축제 때 가장 많은 이익을 창출한 것입니다. 저는 사진 동아리 일원이었습니다. 저와 저의 일원들은 한달 전부터 학교 축제 준비를 위한 계획을 세웠습니다. 우리는 우리의 사진 작품을 전시하고 손으로 만든 엽서를 만들어 팔았습니다. 그 엽서는 다 팔렸고, 이익이 많이 남았습니다. 또한 동아리 조직에 그 이익을 기부했습니다.

지원자 D 분석

- 학교생활 중 가장 큰 업적을 이야기했다.
- 그 경험을 통해 얻은 직접적인 이익과 그 의미를 잘 알고 있다.

🌿 Could you tell me about your school life?

5. Warming-up Questions

영어 인터뷰를 본격적으로 시작하기에 앞서 간단한 주제로 대화를 나누는 것으로 주제 자체는 어렵지 않으나, 대화 내용 자체를 Yes or No 형식으로 답을 하는 것은 좋지 않고 친근하고 편안하게 면접관이 질문한 것에 대해 성의 있게 답을 해야 한다. 만약 면접관이 하는 말을 못 알아 들었을 경우에는 다시 한 번 물어봐야 하며,

• Could you repeat again, please?

못 알아 들었다고 가만히 있는 것은 오히려 좋지 않다.

Q: Can I ask your name?
이름이 뭐에요?

A: My name is Min-hee Kim nice to meet you.
제 이름은 김민희 입니다. 만나서 반가워요.

→ Answer (이름의 의미나, 영어 이름이 있다면 간단하게 소개하는 것도 좋은 방법이다.)

Q: How do you feel?

기분이 어떠세요?

A: Pretty good. Thanks.

I'm so excited to be here. Thank you for giving me a chance to be here.

여기 있게 되서 너무 좋습니다. 저한테 이런 기회를 주셔서 감사합니다.

→ Answer (오늘 인터뷰 기회에 대해 적극적으로 감사 표현을 하여 좋은 인상을 심어준다.)

Q: Are you nervous?

긴장되세요?

A: If I said no, I would be lying. But I am so excited to be here.

I was very nervous. But thank you for making me very comfortable.

제가 아니라고 하면, 거짓말일 거에요. 하지만 여기 있어서 너무 기쁩니다.

저는 굉장히 긴장했었는데요, 저를 편안하게 만들어 줘서 감사합니다.

→ Answer (면접관에게 예의적인 칭찬을 해도 좋고, 마음이 편해지도록 노력하고 있다는

것을 보여준다.)

Q: What time did you come here? & How did you come here?

멋 시에 이곳에 오셨습니까? 이곳에 어떻게 오셨습니까?

A: I came here 2 hours ago.

두 시간 전에 왔습니다.

→ Answer (그 밖에 오면서 있었던 기억 남을 만한 일이나, 에피소드 같은 것을 이야기하여 면접관의 관심을 유도한다.)

Q: What did you do before you came in?

들어오기 전에 뭐 하셨습니까?

A: I talked about today's interview with another candidate.

다른 지원자랑 오늘 인터뷰에 대해서 얘기했습니다.

→ Answer (다른 지원자들과 어떤 대화를 나눴는지, 면접 들어오기 전에 특별히 한 일이 있다면 이야기 한다.)

Q: Where were you born?

어디에서 태어나셨습니까?

A: I was born in Seoul, I was raised in Busan.

저는 서울에서 태어났고, 부산에서 자랐습니다.

→ Answer (태어난 고향에 대해 생각나는 좋은 기억에 대해 이야기하는 것도 좋다.)

Q: What time did you get up?

몇 시에 일어나셨습니까?

A: I got up about 5 am. I got up early to prepare many things for this interview.

저는 5시에 일어났습니다. 이 인터뷰를 준비하기 위해서 일찍 일어났습니다.

→ Answer

Q: What have you done so far?
지금까지 뭐 하셨습니까?

A: Actually, I got up early to prepare this interview. I was really busy today. In the morning, I had breakfast and then I was put on make up and done hairdo. It took 2 hours to get from Kangnam to Gimpo by subway. I got here 2 hours ago. Before I came in, I reviewed my notes for interview. Now, I am ready to go.

사실 저는 오늘 인터뷰 준비 때문에 일찍 일어났습니다. 저는 아침에 굉장히 바빴거든요. 아침을 먹고, 화장이랑 머리를 받았어요. 강남에서 김포까지는 지하철로 2시간 정도 걸렸습니다. 여기 한 2시간 전에 왔습니다. 들어오기 전에는 인터뷰 준비를 위한 노트를 봤고요. 지금 준비되었습니다.

→ Answer (아침에 일어나서 면접장에 오기까지 무엇을 했는지 재미있게 설명하자. 아침을 먹었다면 어떤 음식을 좋아하는지, 화장을 받았다면 어떻게 했는지 등⋯)

Q: Where do you live?

당신은 지금 어디 사십니까?

A: I live in Kangnam area.

저는 강남지역에 살고 있습니다.

→ Answer (현재 거주 하고 있는 지역에 대해 자세하고 면접관의 관심을 불러 일으키게 설명한다.)

Q: How long have you lived there?

그곳에 얼마나 살았습니까?

A: I've lived there for 2 years.

저는 2년 정도 살았습니다.

→ Answer (스몰토크이므로, 실제 살았던 연수를 간단하게 답한다.)

Q: How long did it take to get here?

여기까지 얼마나 걸립니까?

A: It took about 2 hours.

2시간 정도 걸렸습니다.

→ Answer (스몰토크이므로, 간단하게 실제 오는데 걸린 시간을 말한다.)

Q: What did your parents say to you today?

당신 부모님께서 오늘 뭐라고 하셨습니까?

A: They told me to try my best and not to get nervous.

그들은 떨지 말고 최선을 다 하라고 말씀하셨습니다.

→ Answer (부모님께서 항공서비스운항과에 지원한 것을 긍정적으로 생각하는 것을 알려준다.)

Q: Do your parents want you to become a flight attendant?

당신 부모님도 당신이 승무원되는 것을 원하십니까?

A: Sure. They are really good supporters of me. They inspire me in whatever I do. I don't want them to be disappointed. That's why I try to do the best I can.

물론입니다. 그들은 저의 좋은 지원자들입니다. 그들은 제가 어떤 것을 하든지 용기를 주십니다. 그래서 저는 그들이 실망하는 것을 원하지 않아, 제가 할 수 있는 한 최선을 다하고 있습니다.

→ Answer (부모님의 지원은 긍정적 영향을 줄 수 있으며 스스로 노력하는 모습이 보여 좋은 답변이다.)

📍 인터뷰가 끝이 난 경우 감사인사

대화가 끝났다고 긴장을 풀지 말고, 끝맺음에 쓰이는 좋은 표현을 익혀서 꼭 잊지 않고 면접관에게 말하도록 한다.

☞ 가장 많이 쓰는 표현

- Thank you for listening. I look forward to hearing good news from you soon.

  들어주셔서 감사합니다. 당신으로부터 좋은 소식 들었으면 좋겠습니다.

- I've enjoyed talking with you.
- It's been a pleasure talking with you.
- It has been very nice talking with you.

  말씀 나눠서 즐거웠습니다.

- Thank you for your time.

  시간 내주셔서 감사합니다.

항공서비스학과 면접관이 알려주는 영어 질문 종합 선물 세트

1. Do you believe that you are qualified to become a flight attendant?
   당신은 승무원이 될 자격을 갖추었다고 확신하나요?

2. How would you define good customer service?
   당신은 좋은 고객 서비스를 어떻게 정의 내리시나요?

3. Which one is more important safety or good service?
   안전과 좋은 서비스 중 어느 것이 더 중요한가요?

4. What do you do to stay healthy?
   당신은 건강을 잘 유지하고 있나요?

5. Have you ever worked in the service field?
   당신은 서비스분야에서 일한 경험 있나요?

6. What qualities are necessary to become a cabin crew?
   어떤 자격이 승무원이 되는데 있어 꼭 필요한가요?

7. How would you handle an angry passenger?
   당신은 화난 승객을 어떻게 다루어야 할까요?

8. What do you think of service? Could you define service?
   당신은 서비스는 무엇이라고 생각하나요? 당신은 정의내릴 수 있나요?

9. How would you behave in case of emergency in flight?
   비상시 상황에서 당신은 어떻게 행동할 것인가요?

10. What do you think of teamwork?
    당신은 팀워크가 무엇이라고 생각하나요?

11. Do you have any licenses or certificates?
당신은 어떤 자격증이나 수료증이 있나요?

12. What was your favorite subject?
당신이 가장 좋아했던 과목은 무엇인가요?

13. Were you involved in any club activities at high school?
당신은 고등학교생활에서 어떤 특별활동에 참가했나요?

14. Tell me about your school life.
당신의 학교생활에 대해 말해주세요.

15. Do you think you are a good student?
당신은 좋은 학생이었다고 생각하나요?

16. Have you ever been abroad?
당신은 외국에 가본적이 있나요?

17. Which cities were the best you've been to so far?
당신이 지금까지 가본 도시중에 가장 좋았던 곳은요?

18. Have you ever been in a difficult situation while traveling?
당신은 여행할 때 어려운 상황을 경험한 적 있나요?

19. Do you have any vacation plans this summer?
당신은 이번 여름에 여행계획이 있나요?

20. If you become a flight attendant, where would you like to go first? And why?
만약 당신이 승무원이 된다면, 어느 곳을 제일 먼저 가보고 싶나요? 이유는요?

영어 면접 체크 리스트

1 **Appropriateness of answers**: 답변의 적합성
질문이 의도한 바에 맞게 답변을 하였을까?

2 **Pronunciation**: 발음
영어 발음을 잘 구분해서 했는가? 특히 f 와 p 발음 /L과 R 발음을 혼동하지 않았는가?

3 **Intonation**: 말의 높낮이
영어는 말할 때 높낮이가 중요하다. 그리고 발음 시 강조를 해야 할 곳이 어디인지 미리
체크를 하고 말해야 한다.

4 **Fluency**: 유창성
영어를 얼마나 유창하게 구사하냐 라는 뜻은 적절한 단어 선택을 해서 문장을 말하는가
이다. 시제나 문법에 신경써서 말하는 것은 두 번째 문제이다.

5 **Accuracy** 정확성
Fluency와 일맥 상통한다. 상황에 맞게 정확하게 문장표현을 써서 답변을 하였는가이다.

Check Point Chart

English Interview Check Point			
Name:			
Application No:			
Level	A	B	C
Appropriateness of answers			
Pronunciation			
Intonation			
Fluency			
Accuracy			
Recommendation			

Chapter **5**

항공서비스학과
면접 시
준비사항들

1. 면접 시 워킹과 자세 연습 및 스마일

올바른 워킹 방법

바른 워킹법

▶caution : 면접 시작 시 걸음걸이부터 이미지 요소에 들어가므로 자신감 있어 보이는 워킹이 중요하다.

- 승객에게 편안함을 줄 수 있는 11자 걸음걸이로 걷는다.
- 정면보다 약간 높게 시선을 둔다.
- 미소를 띤 얼굴을 한다.
- 곧게 편 등과 어깨는 힘을 빼 자연스럽게 보이도록 한다.

- 계란을 한 알 쥐고 있는 주먹 모양으로 만든다.
- 손은 치마의 양쪽 봉제선을 가볍게 스치며
  - 걸을 때 스타킹에서 소리가 날 정도로 무릎을 스치며 걷는다.
- 오른손이 나올 때는 왼발, 왼손이 나올 때는 오른발이 나오도록 걷는다.

피해야 할 워킹법

- 걸을 때 상체가 좌우로 심하게 흔들리는 워킹
- 무거운 걸음걸이(힘이 축 빠져보이게 어깨를 늘어뜨려 걷는 워킹)
- 발을 끄는 걸음
- 규칙성 없는 워킹
- 상체가 앞이나 뒤로 쏠리는 워킹
- 무표정하거나 경직된 얼굴표정

올바른 인사 방법

선 자세

- 오른손을 왼손 위로 모은 후 배꼽 5cm 밑으로 내려준다.
- 팔모양이 골반에 걸쳐지지 않도록 살짝 들어준다.
- 어깨는 힘을 빼고 눈의 시선은 아이 콘택트 (eye contact) 한다.
- 아랫배는 힘을 주며 무릎은 붙여준다.

인사법

▶ caution : 45도 정중례로 밝고 크게 인사한다.

- 첫 번째 서 있는 지원자가 구령을 붙이면 인사한다(상황에 따라서 다같이 인사를 할 수도 있다).

인사법

- 시선은 발 한 보 앞에 둔다.
- 머리, 허리, 등이 모두 일직선이 되어야 한다.
- 올라오면서 아이 콘택트 후 스마일을 짓는다.

손 자세

▶앉은 자세

- 오른손을 왼손 위로 올려준다.
- 올린 손을 치마 끝자락에 올려 준다.

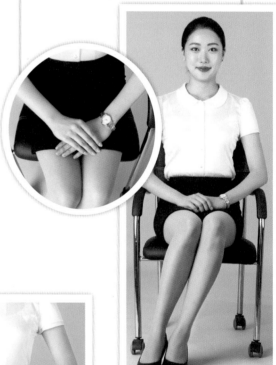

손 자세

▶선 자세

- 손가락을 붙여준다.
- 오른손을 왼손 위로 올려 준다.
- 배꼽에서 5cm 밑으로 내려 준다.

스마일 연습하기

스마일 서클

- U자형 입술모양 ∩형 눈모양으로 입과 눈이 같이 웃어야 한다.

▶caution : 윗니가 7~8개 정도 보여주는 것이 가장 예쁜 미소이다.

- 모음으로 끝나는 단어를 크게 발성한다.
- 입술을 U자로 끌어 올린다.
- 눈모양이 ∩형이 되게 웃는다.
- 오랜시간 스마일 표정을 유지한다.

스마일 연습 Tip

- 위스키, 와이키키, 개구리, 엉덩이 등의 "ㅣ" 모음으로 끝나는 단어로 연습한다.

 2. 면접 시 메이크업, 헤어

① **피부타입별 베이스 선택 요령**

메이크업

자신의 장점을 부각시키고 단점을 보완하는 작업이다.

승무원 메이크업

일반 메이크업에 비해 화사하고 세련된 이미지를
더한 작업이다.

피부타입 알아보는 방법

※ 한국인 60% 이상 복합성
복합성 : 볼, 이마 유분 많음.
코, 턱 유분 적음.

TIP

- 클렌징 폼으로 깨끗하게 세안한다.
- 세안 후 한 시간 가량 아무것도 바르지 않는다.
- 한 시간 후 기름종이를 볼, 이마, 턱, 코 등 세분
  화 시켜서 붙여준다.
- 유분을 체크한다.

피부타입별 기초제품 선택

지성 피부는 지성 제품, 건성 피부는 건성 제품, 복합성 피부는 복합성 제
품을 사용하거나 유분기가 많은 부분은 수분이 많은 제품을 사용하고, 건조
한 부분은 유분이 많은 제품을 사용하는 것이 좋다.

피부타입별 베이스 선택

지성   매트하면서 커버력 있는 제품을 사용한다.
- 흡수력이 빠르므로 베이스 끝난 뒤 진한 느낌이 들도록 한다.

건성   커버력이 떨어져도 수분감이 많고 묽은 제품을 사용한다.
- 컨실러 사용으로 잡티, 기미 등을 하나씩 커버한다.

복합성   유·수분이 적당한 제품을 사용한다.
- 복합성 피부는 바르는 순서가 중요하다. 건성이 심한 부분은 파운데이션 여분으로 조금씩 펴 바르고, 유분이 많은 부분은 컨실러를 사용한다.

② 기초 제품 사용 순서 및 방법

메이크업 전에는 기초 제품을 단순화하여 발라주는 것이 좋다.

기초 제품 바르는 순서

① 자신이 가지고 있는 기초 제품을 손등에 덜어 놓는다.
② 손등에 바른 제품이 흘러내릴 수 있도록 한다.
③ 기초 제품 흘러내린 순서를 기억한다.
④ 먼저 흘러내린 묽은 제품부터 바른다.

기초 제품 바르는 방법

스킨(토너)은 항상 차가운 곳에서 보관 후 퍼프를 이용하여, 볼은 안에서 바깥쪽으로 이마는 오른쪽에서 왼쪽으로 코는 위에서 아래로 턱은 남은 스킨으로 아래에서 위로 넓은 부분에서 좁은 부분으로 바른다. (나머지 기초 제품도 동일함)

메이크업 베이스 단계는 얼굴의 색상을 보완해 주는 작업 단계이다.

① 프라이머 제품은 생략한다.

- 프라이머는 피부에 광을 내어 땀이 나 보이게 하거나 유분이 많이 발생해 보이므로 메이크업 시 생략한다.

② 선블록은 생략하거나 소량 사용 혹은 묽은 타입으로 선택하여 발라준다.

- 피부에 막을 형성하여 인위적인 느낌이 들기 때문이다.

③ 항공서비스학과 면접 시 메이크업 베이스는 연보라색을 선택한다.

- 피부 혈색이 밝아져 화사한 느낌이 난다.

3 메이크업 완성

Step 1 눈썹 정리 방법

눈썹은 사람의 첫인상을 결정하는 중요한 역할을 한다.
고등학생들은 자연스런 둥근형을 하는 것이 가장 무난하다.

눈썹 종류

기본형 • 어떤 얼굴형에도 잘 어울린다.

일자형 • 강한 인상을 주므로 면접 시 적절하지 못하며, 얼굴이 넓어 보이는 효과가 있어 긴 얼굴형에 어울린다.

상승형 • 개성이 강해 보이고, 둥근 얼굴에 어울리며 동양적인 이미지를 연출한다.

각진형 • 지적이면 주장이 뚜렷해 보이고, 얼굴 길이가 짧은 형에 적합하다.

아치형 • 성숙하고 우아해 보이면서 이마가 넓은 역삼각형에 어울린다.

눈썹 정리 방법

눈썹 정리 도구

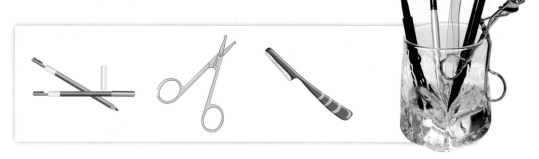

① 스크류 브러시로 눈썹 빗질하기

② 펜슬로 눈썹 그리기

③ 눈썹 빗질하기

④ 눈썹용 가위로 삐져 나온
눈썹 자르기

⑤ 잔털 눈썹칼로 정리하기

TIP ※ 가이드라인을 잡기 위함으로 진하게 그려주는 것이 좋다.

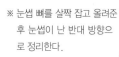

TIP ※ 눈썹 뼈를 살짝 잡고 올려준 후 눈썹이 난 반대 방향으로 정리한다.

⑥ 스킨(토너) 알코올 성분으로 소독하기

TIP ※ 피부 상태가 예민해져 있기 때문이다.

Step 2 베이스 메이크업

※ 제품은 차갑고 서늘한 곳에
보관, 사용한다.

메이크업 베이스 단계는 피부톤, 질감의 변화, 색감조절, 파운데이션 색조를 화사하게 보여주는 단계이다.

메이크업 베이스 사용방법

① 베이스는 피부색에 맞게 선택한다.
② 손등에 덜어 놓는다.
③ 미스트를 뿌린 라텍스를 이용하여 수분감 있게 조절한다.
④ 넓은 곳에서 좁은 곳으로 앞쪽 윤곽 부분은 도톰하고 컬러감 있게, 양 윤곽 부분은 남은 여분으로 피부에 탄력을 주며 두드려가며 펴 바른다.

파운데이션

파운데이션 컬러 선택 시 목 부분에 파운데이션을 발랐을 경우, 목 색깔보다 한 톤 높은 컬러로 선택한다.

※ 화사하고 깨끗한 느낌을 줄
수 있다.

파운데이션 사용방법

① 피부톤보다 약간 밝은 색 파운데이션을 선택한다.
② 라텍스나 붓을 이용한다.
  • 손으로 바르는 것이 밀착력이 좋으나 여름철에는 번들거리고 유분을 더 유발할 수 있다.

③ 넓은 부분에서 좁은 부분으로 펴 바른다.
  • 붓을 이용하여 펴 바를 시 손에 최대한 힘을 빼고 바른다.
④ 마무리 시 눈썹, 입술도 발라준다.
  • 입술톤을 베이스 단계에서 정리해 준다.
⑤ 라텍스를 이용하여 남은 파운데이션을 두드려 준다.

컨실러 사용방법

① 파운데이션 사용 톤보다 밝은색을 선택한다.
② 얼굴 잡티, 다크서클을 가려준다.
③ 브러시를 이용하여 펴 바른다.

파우더

① 파운데이션 색보다 약간 밝은 색으로 화사함을 준다.
② 유분기를 잡기 위한 마지막 단계이다.

Step 3 아이 메이크업과 메이크업 완성

아이 메이크업

눈은 면접 시 면접관들과 아이 콘택트할 때 중요한 부분이다.

눈썹 그리기 • 자신의 모발색에 맞춰 눈썹 컬러를 선택한다.
        • 모발이 흑색인 경우 부드러운 인상을 위해 브라운 계열과
          섞어서 사용한다.

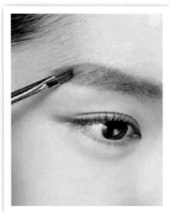

① 눈썹을 빗질하여 정리한다.

② 작은 붓으로 눈썹의 마지막 ⅓ 부분부터 시작하여 그린다.

　• 눈썹 앞머리보다 눈썹 산 부분이 진한 것이 좀 더 자연스럽다.

③ 천천히 앞으로 조금씩 나아가면서 눈썹을 그려준다.

④ 그라데이션시킨다.

⑤ 에보니 펜슬로 다시 한 번 그려준다.

　• 눈썹 앞머리는 두껍고 연하게, 눈썹 꼬리쪽은 가늘고 진하게 그려준다.

⑥ 컨실러를 사용하여 눈썹 뼈에 자연스럽게 하이라이트를 넣어 준다.

　• 눈썹 그리기가 끝난 후 브라운 계열로 자연스럽게 얼굴 전체에 쉐딩
　　을 넣어준다.

아이 메이크업

　새도 베이스는 강한 색감보다는 피부톤보
다 밝은 것을 이용한다.

① 선택 베이스를 굵은 붓에 묻혀준다.

② 눈의 동공 부분부터 시작하여 눈썹 뼈

부분까지 전체적으로 그라데이션을 넣어준다.

③ 눈 밑부분을 밝게 해준다.

④ 새도로 컬러감을 입혀준다.

⑤ 은은한 펄로 눈매를 또렷하게 연출한다.

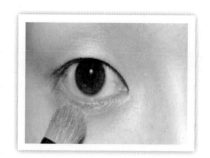

아이라인

- 젤 타입은 그리는 방법이 어려워 붓타입이나 펜슬 타입으로 라인을 잡은 후 사용한다.
- 붓 타입은 초보자인 경우 추천하며, 유분기가 많으므로 번지기도 한다.
- 리퀴드 타입은 시간이 지나면 갈라지는 현상이 있으므로 붓 타입과 같이 사용한다.

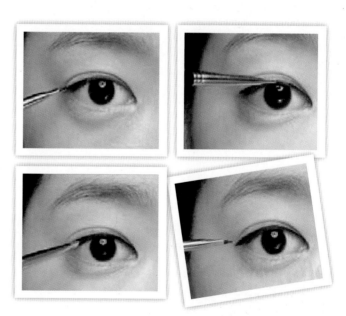

① 자기 눈에 맞게 점막부터 눈꺼풀 위까지 그려준다.

② 눈꼬리가 너무 처지지 않게 그려준다.

③ 유분기가 있는 사람은 어두운 색의 새도나 파우더를 사용하여 아이라인 부분에 발라준다.

속눈썹 붙이기

① 가닥으로 된 눈썹을 이용한다. 자연스러운 속눈썹을 연출하기 좋다.

② 아이래시컬러로 눈썹을 최대한 올려준다.

· 눈썹 뿌리 사이사이에 붙여준다.

· 마스카라로 자신의 눈썹과 붙인 눈썹이 하나처럼 보이게 발라준다.

입술 메이크업

핑크 계열의 립글로스를 사용한다.

· 립스틱 사용을 최대한 자제하며, 립 라이너는 사용하지 않는다.

쉐딩

① 구레나룻 뒤부터 턱선 정리를 한다.

② 헤어라인을 정리한다.

③ 전체 윤곽을 정리한다.

하이라이트

소량 사용하여 이마, 코, 콧선, 인중, 턱 돌출 부분에 사용한다.

블러셔

① 피치나 핑크 색상을 선택하며, 노란 피부는 피치,

하얀 피부는 핑크색을 선택한다.

② 살짝 미소를 지어 본다.

③ 웃었을 때 튀어나온 부분을 동그란 원을 그리듯 블랜딩한다.

④ 그라데이션을 넣어준다.

⑤ 분첩을 이용하여 블러서 가장자리를 펴준다.

헤어라인 정리

① 모발에 맞는 섀도 색상을 선택한다.

② 모발 있는 곳에 그라데이션을 한다.

③ 눈썹 펜슬을 이용하여 빈자리에 모발이 있는 것처럼 나타낸다.

4 헤어 스타일링

Step 1 헤어 스타일에 따른 이미지 효과와 평소 헤어 관리법

헤어 스타일은 전체 이미지를 결정짓는 요소이다.

쪽머리 연출법

- 둥근형, 달걀형, 역삼각형은 사이드 볼륨보다 톱이 1/3 이상 높아야 얼굴이 갸름해 보이는 효과가 있다.
- 긴형, 사각형은 얼굴 톱보다 사이드 볼륨이 1/3 이상 넓어야 얼굴이 갸름해 보이는 효과가 있다.

면접용 헤어 스타일

쪽머리 • 단아하며 시야를 가리지 않고 깔끔한 느낌이 든다.

보브컷 • 보브컷은 깃에 닿지 않으며 헤어밴드나 귀 뒤로 넘겨 인사 시 흘러내림이 없어야 한다.
• 얼굴형이 긴형, 사각형, 역삼각형의 경우 짧은 보브컷으로 결점을 커버한다.

평소에는 헤어 스타일링보다 모발의 질적인 관리 부분을 신경 쓴다.

긴 머리 • 면접 보기 한 두달 전이나 방학에 매직스트레이트 펌을 해서 머릿결이 좋아 보일 수 있도록 한다.

- 밝은 색의 염색이나 탈색은 금물이다.
- 자연 헤어색이 맘에 들지 않는다면, 무색이나 자연갈색 헤어 매니큐어하는 것은 괜찮다. 모발 큐티클층 위에 발라주는 시술로 머릿결이 특히 윤기나고 건강해 보이는 장점이 있다.

짧은 머리
- 면접 보기 1주일 전에 헤어숍에서 미리 단발길이로 머리길이를 정리해 둔다. 면접 당일날 머리를 자르면 머리길이가 자리 잡지 않아 너무 딱딱한 느낌을 줄 수 있다. 면접 당일날은 아이롱이나 드라이로 스타일링만 신경 쓰는 것이 좋다.

Step 2 헤어 도구 사용법

스튜어디스 헤어 연출을 위해서 샴푸를 할 때는 최대한 린스를 소량만 사용한다. 머리에 빗질을 많이 해야 하므로 린스를 사용하지 않아 푸석한 상태가 더 낫다.

필요한 헤어 도구

왁스, 스프레이, 롤빗, 꼬리빗, 드라이기, 아이롱기구, 고무줄 U핀, 실핀, 대핀, 핀셋 등

드라이기
- 헤어드라이 시 사용된다.

아이롱	• 보브컷 헤어를 연출할 때 사용된다
롤빗	• 헤어 전체 볼륨을 잡아준다.
꼬리빗	• 모발의 정리, 정돈과 백코밍과 볼륨감 조절 시 사용된다.
큰빗	• 전체적으로 모발을 정리하는 데 사용된다.
핀셋	• 모발을 나누고 고정시킬 때 사용된다.
망	• 머리를 하나로 묶어 하나의 덩어리를 만들 때 사용된다.
U핀	• 쪽머리 연출 시 고정하는 역할로 사용된다.
실핀	• 헤어 연출 시 머리 고정하는 역할을 한다.
대핀	• 머리 숱이 많을 경우나 머리가 많이 흘러 내릴 경우, 머리를 고정하는 역할로 사용된다.
고무줄	• 최대한 얇은 고무줄을 이용한다.

Step 3 쪽머리 연출법

| 쪽머리 | • 대표적인 승무원의 헤어 스타일로 자신의 얼굴형에 따라 볼륨을 주어야 한다. |
| 백코밍 | • 모발을 반대방향으로 빗질하여 모발을 쌓아 볼륨감을 만드는 것이다. |

쪽머리 연출법

① 큰빗을 이용하여 머리카락을 자연스럽게 뒤쪽으로 넘겨 준다.
② 드라이기와 롤빗을 이용해 머리 윗부분에 볼륨을 준다.

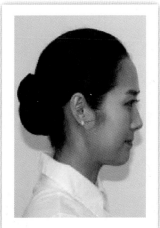
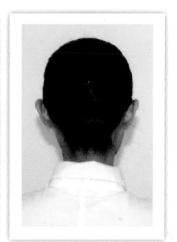

③ 머리 윗부분부터 모발을 90°로 들어 끝에서 모근쪽으로 빗질하여 백코밍을 한다.

④ 머리 옆부분은 모발이 갈 방향으로 백코밍을 한 후, 스프레이로 고정시킨다.

⑤ 업스타일 빗이나 꼬리빗을 수평으로 꺾어 머리카락 표면을 정리한다.

⑥ 왁스를 이용하여 잔머리를 정리한다.

⑦ 귓선에 맞춰 머리위치를 정하여 고무줄로 묶어준다.

⑧ 볼륨을 원하는 곳은 꼬리빗을 이용하여 모발을 일으켜 세워주어 볼륨을 넣는다.

⑨ 모발을 망에 넣어 준다.

⑩ 왼손으로 모발을 잡아 고정시키고 오른손으로 모발에 꼬임을 넣어 돌려주면서 모발 아래로 연결시킨다.

⑪ U핀으로 바느질을 하듯 한땀 뜨면서 고정시킨다.

⑫ 잔머리는 스프레이를 뿌려 꼬리빗을 이용하여 최대한 안으로 넣은 후 드라이하여 고정시킨다.

⑬ 머리 옆부분은 실핀으로 꽂아 고정시켜 준다.

Step 4 보브컷 연출법

① 머리를 섹션을 나누어 모발 밑단부터 드라이하여 C컬 웨이브를 넣어
　준다.
② 뿌리에 볼륨을 드라이한다.
③ 머리 옆 볼륨은 뒤쪽 볼륨보다 작게 볼륨을 잡아 준다.
④ 머리길이가 규정보다 길 경우에는 백코밍을 하면서 스프레이로 고정시
　켜 머리가 옷깃에 닿지 않도록 한다.
⑤ 머리 윗부분은 가야 할 방향으로 백코밍한다.
⑥ 아이롱으로 모발의 컬을 둥글게 만들어 준다.
⑦ 헤어밴드나 머리 핀으로 깔끔하게 연출을 한다. 또는 앞머리가 있는 경
　우 옆으로 단정하게 빗어 넘기어 고정한다.
⑧ 스프레이를 사용하여 전체적으로 단정하게 마무리한다.

TIP

※ caution : 옷깃에
닿지 않아야 한다.

3. 항공서비스학과 면접 복장 – 스타일의 완성

항공서비스 관련학과들은 면접이 중요한 부분을 차지하다 보니, 면접 시 복장이나 외모에 많은 부분을 신경 쓰게 마련이다. 요즘은 이런 관심이 지나치다 보니, 면접을 보는 고등학생들이 지나치게 어른스럽게 꾸며서 가는 경우가 있는데 오히려 역효과가 날 수 있다.

물론 승무원에 어울리는 이미지 연출을 위해 쪽머리를 하거나, 승무원 면접 복장처럼 흰색 블라우스에 검은색 무릎라인의 스커트를 입고 가는 것은 기본적인 준비라고 생각된다.

인하공전은 이례적으로 흰 블라우스에 검은색 스커트가 아니라, 면접의 공정성과 학생들의 부담을 줄이기 위해 면접 당일 면접용 흰색 티셔츠와 흰색 면접용 실내화를 제공한다고 한다.

그 밖은 다른 대학들은 기존의 흰색 블라우스 검은색 무릎라인의 정장치마에 검은색 무늬 없는 단정한 구두를 선호한다. 스타킹은 살색이나 커피색의 살이 비치는 것을 착용해야 하는데 다리가 비교적 얇은 사람은 살색을 신고, 다리가 약간 두꺼운 친구들은 얇아 보이기 위해 커피색을 신는 것이 좋다. 그리고 면접 당일 여분의 스타킹을 꼭 준비해가자.

면접복장에 어울리는 헤어 스타일과 메이크업에 대해 정리해 본다.

헤어 스타일은 긴머리인 경우는 머리를 단정하게 묶어 올리거나(포니테일), 승무원들처럼 쪽머리를 하는 것이 좋다. 머리가 짧은 경우 어중간한 길이보다는 차라리 귀 바로 밑 2~3 정도만 내려오는 단정한 보브컷이나 단발 스타일이 좋다. 또한 학생에게 어울리지 않는 밝은 색의 염색이나 퍼머는 피하는 것이 좋다. 그 이유는 모든 항공사는 외모의 규정 중 특히 머리스타일에 대한 규정이 엄격하며, 그래서 서비스 직종에 맞는 단정하고 깔끔한 쪽머리나 보브컷으로 일률화되게 된 것이다. 주변 친구들이 메이크업을 하라고 권하는 경우도 있으나, 색조 화장은 피하고 피부톤이 화사하고 깔끔한 이미지를 줄 수 있는 비비 크림이나 파우더 정도나 바르고, 색조화장을 한다면 립글로스 정도 바르는 것이 좋다. 외모에 자신이 없어 화장을 꼭 하길 원하는 학생이라면 전문가의 메이크업을 받는 것도 좋은데 그때에는 색조화장의 티가 전혀 나지 않는 투명메이크업으로 이목구비만 또렷하게 보이는 화장을 해야 한다. 현직 승무원처럼 색조 화장을 진하게 하는 것은 면접관이자 교수님들에게 좋지 않은 이미지를 심어 줄 수 있다.

면접복장도 여러 가지 다양한 스타일이 있으므로 자신의 체형과 얼굴 이미지에 맞는 것을 고르는 것도 중요하다. 아래의 사진을 보고 자신을 더욱 빛나게 해줄 면접복장을 골라보자.

반팔 흰색 상의 블라우스도 다양한 종류가 있다.

출처: 비행기 클럽 www.bihengki.com

Style A : 크루 화이트 블루

화이트 실크 소재에, 가장 기본적인 스타일에 팔에 주름을 잡아 아주 작은 포인트로 변화를 주어 기본적인 것을 좋아하나, 차별화되는 것을 원하는 학생들에게 추천한다.

Style B : 바비 샤이닝 블라우스

화이트 샤이닝 소재로 사용했고, 약간 넓은 브이넥 디자인이 목 부분을 길어 보이게 하고 답답한 느낌을 최대한 보완하게 디자인되었다. 목이 약간 짧거나, 두꺼운 학생들에게 추천한다.

Style C : 플라워 블라우스

꽃잎 모티브의 카라가 여성스럽고, 귀엽고 보이게 한다. 얼굴형이 각지거나, 차가운 인상인 학생이 입으면 부드럽게 보이게 하여, 그런 부분을 커버할 수 있다.

Style D : 브이넥 진주 블라우스

가슴의 브이넥 모양으로 디자인의 절제와 단순함을 통해 단아해 느낌을 준다. 특히 심플한 가슴 부분의 디자인으로 인해 상체가 발달한 체형을 커버하는 데 좋다.

스커트 선택시 2가지를 고려하자.

Style A : 개미허리 스커트

일반 정장 스커트에 있는 허리 부분의 벨트 고리를 빼고 가로의 실크소재로 벨트 라인으로 디자인 된것이 시선을 모아 주고, 허리가 얇아 보이게 한다.

Style B : 개미허리 시즌 2

일반 정장 스커트에 있는 허리 부분의 벨트 고리를 빼고 가로의 실크소재로 벨트 라인을 가로줄로 여러 겹으로 만든 디자인이라 허리가 더욱 얇아 보이고, 시선을 모아준다.

TIP

우선 무릎 위 5cm가 올라간 검은색 H라인 스커트이면서 허리 부분의 모양이 자신의 체형과 맞는지 꼭 확인하자.

구두 선택 방법

제품명: 비행기 램프화

7~9cm 정도의 검은색 힐, 키에 맞춰 높낮이를 선택한다.
키가 큰 학생의 경우, 너무 높은 굽을 신는 것은 오히려 역효과가 난다.
에나멜 소재나, 장식이 달린 것은 되도록 피한다.

베이직한 메탈이나 가죽시계 착용

출처: 비행기 클럽 www.bihengki.com

TIP

▶ caution: 블라우스 팔 부분은 팔꿈치에서 한 뼘 정도 떨어진 정도가 좋다.

※ 반지, 목걸이, 팔찌 같은 액세서리는 착용 금지

Key point

① 면접복장의 기본은 흰색 블라우스에 검은색 정장 스커트이다.

② 인하공전은 이례적으로 면접복장의 상의와 신발을 제공하므로 검은색 정장 스커트와 스타킹만 (살색/커피색) 준비해 간다.

③ 헤어스타일은 긴 머리의 경우 쪽머리나 단정하게 묶어 넘기는 것이 좋다. 보브컷이나 단발머리의 형태도 허용된다.

④ 메이크업은 기본적인 비비크림이나 파우더로 피부 표현만 깔끔하게 하고, 색조화장은 가볍게 한다.

⑤ 면접복장은 자신의 얼굴형이나 체형에 맞게 선택한다.

⑥ 면접용 구두는 키에 맞게, 최대한 단정한 것을 고른다.

⑦ 시계 착용은 꼭 하고, 액세서리는 착용은 최대한 피한다.

남학생 면접 복장

남학생은 특별한 공지가 없을 때는 교복을 입고 가는 것이 가장 무난하다. 특별히 정장을 입고 가야 하는 경우에만 준비하면 되고 대부분은 교복을 청결하게 다림질 잘 된 상태로만 입고 가면 무난하다.

4. 입시원서용 사진 찍기 - 샤방샤방 하게

항공서비스학과 입시원서를 제출하기 전에 꼭 사진이 잘 나왔는지 확인한다. 승무원들이 항공사를 지원할 때 가장 정성들여 찍은 사진을 내는 이유를 생각해 본 적이 있는가? 바로 면접관들이 면접 전에 이미지를 보기 때문이다. 항공서비스학과를 지원하는 학생들도 이 부분을 고려하지 않을 수 없다. 면접을 보기 전 면접관이 되실 교수님들에게 첫 이미지를 좋게 남겨야 하기 때문이다. 사진 촬영을 하러 갈 때, 면접처럼 단정한 헤어스타일과 면접복장을 갖춰 가서 준비된 모습의 사진을 제출해야 한다.

Key point

① 입시원서 부착사진의 특별한 규정은 없으나, 미래 승무원이 될 여러분들은 승무원처럼 환한 미소를 짓고 사진을 찍는다.
② 사진을 찍기 전에 시간적 여유를 가지고, 편안한 마음으로 찍을 수 있도록 사전 예약을 하고 가는 것이 좋다. 예약제로 사진사가 사진을 찍고, 여러 컷 중 마음에 드는 사진을 고른 후 포토샵을 같이 할 수 있는 곳이 좋다.
③ 사진을 찍을 때는 가슴을 펴고, 자신감 있는 자세로 앉아서 찍는 것이 중요하다. 당당한 자세는 얼굴 표정도 밝게 나오게 하고, 오히려 더 자연스럽게 보일 수 있다.
④ 사진현상 후 사진이 마음에 안든다면 사진사에게 정중하게 다시 찍어 줄 것을 요구하거나, 포샵을 어떤 부분을 하면 좋을지 정확하게 꼬집어 이야기하는 것이 좋다.

색조 메이크업 제품 추천

색조 메이크업은 전문 브랜드를 사용하는 것이 발색력이 좋고, 색이 오래 유지되는 장점이 있다.

다양한 색을 얼굴에 체험해 보아 어울리는 색을 찾는 것이 가장 중요하다.

중저가 가격대이면서 발색력이 좋은 색조 브랜드 몇 가지를 소개한다.

1. 바닐라코
2. 부르조아
3. 캐시켓
4. 미샤

그 밖에 색조 전문 화장품 가격대가 약간 높지만 품질이 좋은 제품은 '맥', '바비브라운' 그리고 '베네피트'이다.

피부 베이스

제품명1: 바닐라코 잇 샤이니쉬머크림
제품명2: 바닐라코 더 베이시스 멀티플 베이스 Secret

피부를 하얀 도화지처럼 만들기 위해 베이스를 바른다고 생각하면 된다. 가장 기본적으로 화사하고 깔끔한 피부톤을 만들고 화장을 시작하는 것이 중요하다. 한국인은 피부색에 대체적으로 노란색 끼가 많으므로, 보라빛 베이스를 사용하거나, 약간 광택느낌이 나는 쉬머 크림을 사용한다.

색조 메이크업 제품 추천

파운데이션

제품명1: 부르조아 플라워 퍼펙션 유스 익스텐션
제품명2: 부르조아 10시간 파운데이션

파운데이션을 고를 때는 피부타입을 가장 먼저 체크해서 건성피부는 유분기가 많은 것을 사용하고, 지성피부 타입이라면 유분기가 적은 오일프리 제품을 사용하는 것이 가장 중요하다. 색은 본래의 피부색보다 아주 약간 밝은 편을 쓰는 것이 좋다. 너무 어두운 색 파운데이션을 사용하면 피부톤의 자연스런 아름다움을 살릴 수가 없다. 10대 여러분들은 최대한 얇게 펴발리는 가벼운 느낌의 파운데이션을 사용하는 것이 좋다. 만약 여드름 자국이 있어 걱정이라면, 콘실러를 사용하여 부분 커버하는 것이 좋다.

아이브로 펜슬

제품명1: 케시켓 아이브로 오토펜슬
제품명2: 클리오

눈썹을 그리는 제품들이 요즘에는 다양하게 나와 있다. 오토펜슬 타입이나, 붓펜 타입(제품명 : 클리오) 제품이 사용하기 편리하다. 또는 눈썹숱이 많은 경우 눈썹용펜으로 마스카라타입의 눈썹을 정리하여 빗어주기만 해도 눈

색조 메이크업 제품 추천

썹이 풍성하고 정리되어 보이게 만들 수 있다.

아이브로 펜슬은 브랜드에 구애받지 않아도 되지만 너무 진한 검은색 보다는 자연스러운 '흙갈색'이나 '회갈색' 종류의 색상을 선택하는 것이 요령이다.

아이라이너

Brown

Black

제품명1: 캐시켓 리퀴드 아이라이너

제품명2: 캐시켓 이지아이라이너

제품명3: 바닐라코 스퀘어 아이라이너

제품명4: 바닐라코 아이러브젤 아이라이너 블랙

아이라이너는 리퀴드타입(제품명1), 붓펜타입(제품명2), 펜슬타입(제품명3), 젤타입(제품명4)이 있다.

초보자가 가장 사용하기 쉬운 것은 리퀴드타입이나 붓펜타입이고, 펜슬타입은 번지기 쉽다. 젤타입은 아이라이너용 붓을 사용해서 그려야 하며 깊은 눈매 표현에 좋아 널리 사용되고 있다.

색조 메이크업 제품 추천

마스카라

제품명1: 부르조아 마스카라 볼륨마이저 울트라 블랙
제품명2: 미샤 Professional_Volume_3

마스카라는 특별히 종류에 상관없으나 한국인들은 속눈썹 숱이 적은 편이므로, 주로 볼륨감 있어 보이게 하는 마스카라를 선택하는 것이 좋다.

아이섀도

제품명1: 바닐라코 클럽 로코코 팔레트 섀도 F10
제품명2: 바닐라코 스파클링 나이트 팔레트 섀도
제품명3: 바닐라코 투 아지즈 섀도 19

아이섀도의 색상은 가급적 파스텔 계열의 핑크나, 피치 복숭아 색 계열을 사용하는 것이 가장 무난하다. 스모키 스타일의 회색이나, 진한갈색 등으로 포인트 주는 아이메이크업은 피하는 것이 좋다.

펄이 많이 보이는 것보다 차분하고 내츄럴한 색을 사용하는 것이 가장 좋다. 만약 아이섀도로 눈 화장을 하는 것이 어렵다면, 깔끔한 느낌을 줄 수 있도록 베이지나, 연한 살색의 베이스 컬러만 칠해주는 것도 요령이다. 아무것도 바르지 않는 것보다 훨씬 깔끔한 느낌을 줄 수 있다.

색조 메이크업 제품 추천

립글로스&립밤

제품명1: 바닐라코 키스콜렉터 립 컬러 글로스 C03 marie

제품명2: 바닐라코 페스티브 립 쉬머 글로스 S04 Lovely

립스틱을 사용하여 진하고 강한 느낌보다는 립글로스만 사용하여 생기 있고 촉촉한 입술의 느낌만을 표현 하는 것이 좋다. 흔히 말하는 투명 메이크업을 한 것 같이 연한 핑크나, 피치 컬러를 사용하자.

제품명3: 바닐라코 베리키시 케어 밤 01 Lavender

제품명4: 로즈버드 살브 립밤

색 있는 글로스를 선호하지 않는 사람들은 립밤을 추천한다. 가장 촉촉하고 예뻐 보이는 입술을 만들어 줄 것이다. 특히 로즈버드 살브 립밤이 구매 1순위라고 하니 참고하길 바란다.

블러셔

제품명1: 바닐라코 페이스 러브 블러셔 01 Love Story

제품명2: 바닐라코 페스티브 페이스 블러셔 02 lovely

색조 메이크업 제품 추천 **

블러셔는 볼과 광대 부분에 음영을 주기 위해 사용하지만, 여러분들은 주로 생기 있어 보이는 느낌을 주기 위해 아주 연하게 사용하는 것이 좋다. 색은 아이섀도의 색상과 거의 비슷하게 연한 핑크나, 피치 컬러가 좋으며, 진한 밤색이나 오렌지 계열은 나이가 들어 보일 수 있으므로 주의하자.

하이라이터

제품명1: 바닐라코 더 시크릿 마블링 하이라이터 01
제품명2: 바닐라코 더 시크릿 하이라이터 01 STAR

하이라이터는 눈 바로 아래 부분과 이마, 그리고 코 또는 입술 아래 부분을 환하게 하기 위해서 부분적으로 사용한다. 블러셔처럼 사용하는 타입이 있고 '제품1' 크림처럼 원하는 부분에 손으로 바르는 타입이 있다.
'제품2'처럼 손으로 바르는 타입이 좀 더 정확하게 원하는 부위를 도드라지게 한다는 장점이 있다.

책을 마무리하며 학생들에게 남기는 말

꿈을 간직하고, 그 꿈을 이루기 위해 노력한 시간이 값지다고 생각하시나요?

그리고 그런 성공 스토리를 다른 누군가와 나누고 싶으시지 않으신가요?

바로 그 무대가 여기에 마련되어 있습니다.

이 책을 읽고 항공서비스 관련학과 입시면접에 최종 합격하신 분들은 아래의 이메일로 면접후기와 합격후기를 보내 주시면 추첨을 통해 소정의 상품을 보내 드리겠습니다.

- 성명, 이메일, 우편물 받을 주소, 연락처를 처음에 적어 주세요.
- 위의 개인정보는 상품발송 관련 용도 이외에는 사용되지 않습니다.

1. 면접 수기 적는 방법

- 면접을 본 학교명과, 면접 날짜와 시간
- 면접 당일 면접장의 느낌과 상황
- 면접 시 받은 질문, 다른 지원자 질문도 같이 적어 주심 좋아요.

2. 합격 수기 적는 방법

- 합격한 대학명
- 이 책의 내용 중 면접에 가장 도움이 된 부분(구체적으로)
- 면접을 준비하면서 개인적으로 가장 어려웠던 점
- 항공서비스학과 면접 준비하는 친구들에게 해 주고 싶은 말
- 책 내용 안에 추가되었으면 하는 내용

위에 내용을 문항마다 성의 있게 작성해서 보내주시길 부탁드립니다.

☞ 보내실 곳은 lisayoon1018@gmail.com 윤은숙 작가

저자 소개

윤은숙

세종대 호텔관광경영 박사졸업
아랍에미레이츠 객실승무원
백석대학교 항공서비스전공 외래교수
백석문화대학교 관광학부 외래교수
신구대학교 항공서비스학과 외래교수
동서울대학교 항공서비스학과 외래교수
E-mail : lisayoon1018@gmail.com

'하늘을 나는 천사'라는 애칭을 가진 직업, 바로 항공승무원이 꿈이었던
그녀는 대학 졸업 후 예비승무원들이 가장 가고 싶어 하는 항공사 1위로 뽑힌
'아랍에미레이츠' 항공에 입사한다. 비행을 통해 세상을 배우고 느끼게 된
그녀는 자신이 경험한 많은 부분들을 자신과 같은 꿈을 가진 후배들에게 나누어
주고 싶다는 생각을 품는다. 그래서 항공승무원을 꿈꾸는 예비승무원들과
항공서비스학과 입시를 준비하는 청소년들을 가르치는 일을 하게 된다.
항공서비스학과 교수로 일하며 다양한 학생들을 가르치고 많은 합격생을 배출해
낸 그녀는 진정한 '워너비'라고 학생들에게 불리고 있다.

지금 그녀는 항공서비스학과 면접에 두려움을 가진 학생들, 그리고 더 체계적으로
준비하고 싶은 학생들을 위한 지침서를 마련했고, 바로 이 책을 그들을 위한 필수
교과서로 자신 있게 추천한다!

항공서비스학과 면접의 신

초판 인쇄   2018년 1월 10일
초판 발행   2018년 1월 15일

저　　자 윤 은 숙
펴 낸 이 임 순 재
펴 낸 곳 (주)한올출판사
등　　록 제11-403호
주　　소 서울시 마포구 모래내로 83(성산동, 한올빌딩 3층)
전　　화 (02)376-4298(대표)
팩　　스 (02)302-8073
홈페이지 www.hanol.co.kr
e - 메 일 hanol@hanol.co.kr
ISBN 978-89-5685-613-9